JN093809

Shuwasystem Business Guide Book How-nual

最新 D2Cの基本と仕組みがよ〜くわかる本

長橋 賢吾 著

秀和システム

はじめに

最近、D2Cという単語をしばしば見かけるようになりました。D2Cは、Direct To Consumer、すなわち、「直接顧客に」を意味します。

なぜ、「直接顧客に」が必要なのでしょうか？　それは、時代の変化があります。たとえば、本書でも触れるアパレルの場合、生地の製造から、縫製、商社による仕入れ、店舗販売と長い工程を経て、最終的に顧客が購買に至ります。

顧客の求めるもの、すなわちニーズが同じであれば、大量に生地を製造、縫製、仕入れ、販売すれば、この大量生産・大量消費モデルは成立します。しかしながら、現在、ネット・スマホが普及し、ニーズも多様化する中で、大量生産・大量消費というモデルは成立しづらくなっています。

大量生産・大量消費に替わるモデル、それが、D2Cに代表される直接顧客に価値を届けるモデルです、これを言い換えれば、顧客のニーズにあわせて商品を提供すること、本書では、これを製造「情報」小売業と定義しています。

つまり、これまでメーカー（製造者）であればモノづくりだけをしている、マーチャント（販売者）であれば仕入れた商品を売るだけをしている、といったモデルから、顧客（コンシューマー）に向き合う、これがD2Cに目指すところと言えます。

さいわい、近年のネット技術の発展により、EC・SNSといった直接顧客に向き合うためのテクノロジーが安価に容易に利用できるようになり、どんな小さなメーカー、マーチャントでも、直接顧客に向き合う素地ができています。

本書では、こうしたメーカー・マーチャントが顧客に向き合うD2Cについて、その概要、背景を第1章「D2Cを理解する7つのキーワード」で触れ、D2Cによってかわるビジネスの仕組みを第2章「D2Cでかわるコマースのビジネスモデル」で触れます。そして、このD2Cの背景にある技術について、第3章「D2Cを支えるテクノロジー」で触れます。そして、現状のD2Cの流れについて、第4章「世界のD2C企業」、第5章「日本のD2C企業」で触れ、最後に第6章で「顧客と向き合うD2C化への5つの提言」として、今後のD2Cのありかたを考察します。

長橋賢吾

図解入門ビジネス 最新D2Cの基本と仕組みがよ〜くわかる本

CONTENTS

第3章 D2Cを支えるテクノロジー

第4章 世界のD2C企業

第5章 日本のD2C企業

第6章 D2C化への5つの提言

第1章

D2Cを理解する7つのキーワード

最近、D2C（ダイレクト・トゥ・コンシューマー）という単語をしばしば見かけるようになりました。ダイレクト・トゥ・コンシューマーを直訳すれば、「直接顧客に」です。EC（電子商取引）の普及もあり、ネットを通じて「直接、消費者に」届けることは日常的になっています。では、これまでのECとD2Cは何が違うのでしょうか？本章では、このD2Cを理解する7つのキーワードについて触れます。

1-1 D2Cを理解するキーワード① メーカー、マーチャント、コンシューマー

最初のキーワードは、メーカー、マーチャント、コンシューマーです、今後、どれだけECが発展しても、この3者のどれかがなくなるわけではありません。むしろ、その関係が変化する、これがD2Cです。

メーカー、マーチャント、コンシューマー

店舗での販売、**EC（Eコマース、電子商取引）**をはじめとしたコマース（商取引）には、図1－1に示すように、**製造者（メーカー）**、**販売者（マーチャント）**、**購買者（コンシューマー**＊**）**の3者から構成されます。

図1－1　メーカー、マーチャント、コンシューマーの3者のモデル

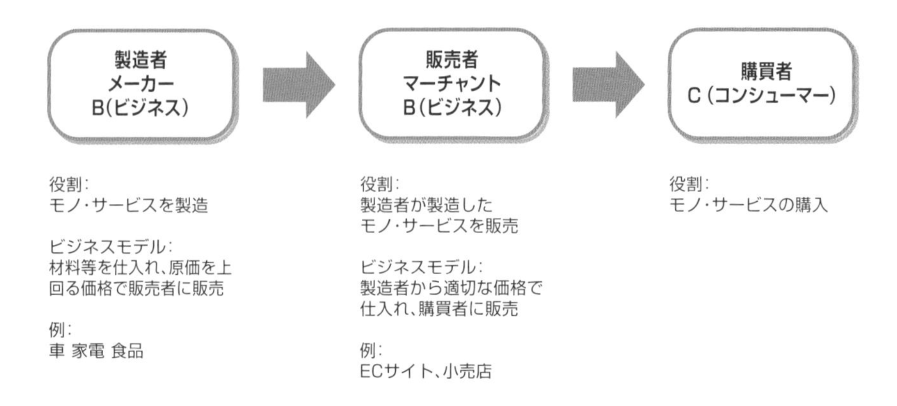

1. **製造者（メーカー）**：モノあるいはサービスを実際に作る・製造する役割です。ビジネスの仕組み（**ビジネスモデル**）としては、材料を仕入れて、製造し、原価を上回る価格で販売者に販売します。具体的には、自動車、家電、食品といった事業者がメーカーのカテゴリに相当します。
2. **販売者（マーチャント）**：メーカーから仕入れたモノ・サービスを購買者に

＊**コンシューマー**　本書では、コンシューマー、カスタマー、顧客について、同義として扱います。

販売します。ビジネスモデルとしては、メーカーから仕入れたモノ・サービスの原価を上回る価格で購買者に販売します。具体的には、アマゾン、楽天といったECサイト、あるいは小売店がこれに相当します。

3.**購買者（コンシューマー）**：販売者からモノ・サービスを実際に購入して、消費します。

メーカー、マーチャント、コンシューマーの関係：自動車メーカーの場合

そして、この3者の関係について、モノならびにサービスについて具体的に挙げます。

たとえば、トヨタのような自動車メーカーの場合、**メーカー**は、図1−2に示すように鉄鋼や自動車部品といった自動車製造に必要な材料・部品を仕入れ、自社で組み立てて完成させます。そして、完成した車を、**マーチャント**であるディーラーが仕入れ**コンシューマー**に向けて販売します。

図1−2　モノづくりのメーカー、マーチャント、コンシューマー

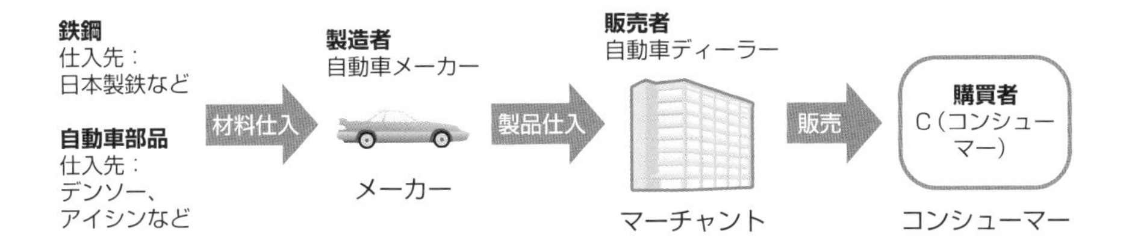

メーカー、マーチャント、コンシューマーの関係：ポータルサイトの場合

モノだけではなくサービスにおいてもこの図式は大きく変わりません。たとえば、図1−3のポータルサイトの場合、**メーカー**に相当するYahoo!といったポータルサイト運営者が、コンテンツを保管するサーバ・クラウドを契約、くわえて、社内人材、外注の工数をかけてポータルサイトを構築します。そして、単にポータルサイトを作っただけでは収益を生みません。ポータルサイトのなかの広告枠を**マーチャント**である広告代理店が仕入れ、広告主に販売、最後にそれを購買者（**コンシューマー**）に認知・販売を促します。

図1－3　サービスにおけるメーカー、マーチャント、コンシューマー

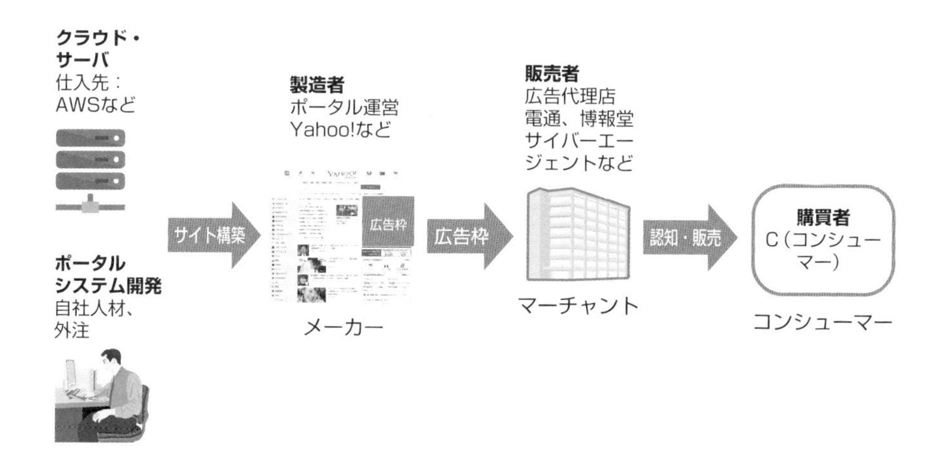

B2B、B2CとD2C

モノあるいはサービスをつくる**メーカー**、つくったモノ·サービスを販売する**マーチャント**、そして、そのモノ·サービスを購入·消費する**コンシューマー**、オンライン、オフラインを問わずあらゆる商行為（**コマース**）は、この3者のプレイヤーから構成されています。

そして、それぞれのプレイヤーがどう商行為を実施するか、次の3つのパターンに分けることができます。

- B2B（Business to Business）:メーカーとマーチャント、言ってみれば、モノを売る側とモノを買う側で成立するビジネスです。
- B2C（Business to Consumer）：マーチャントがメーカーから仕入れたモノ·サービスをコンシューマーに販売します。コンシューマーから見れば、アマゾン、楽天といったECサイトで商品を購入したとも言い換えることはできます。
- D2C（Direct to Consumer）:本書のテーマです。B（ビジネス、企業）は、メーカーとマーチャントと2つに分離していましたが、**メーカーとマーチャントが一つになり、メーカー＋マーチャントの集合が直接（ダイレクト）にコンシューマーに商品を販売する方法**です。

図1−4 B2B・B2C・D2Cの関係

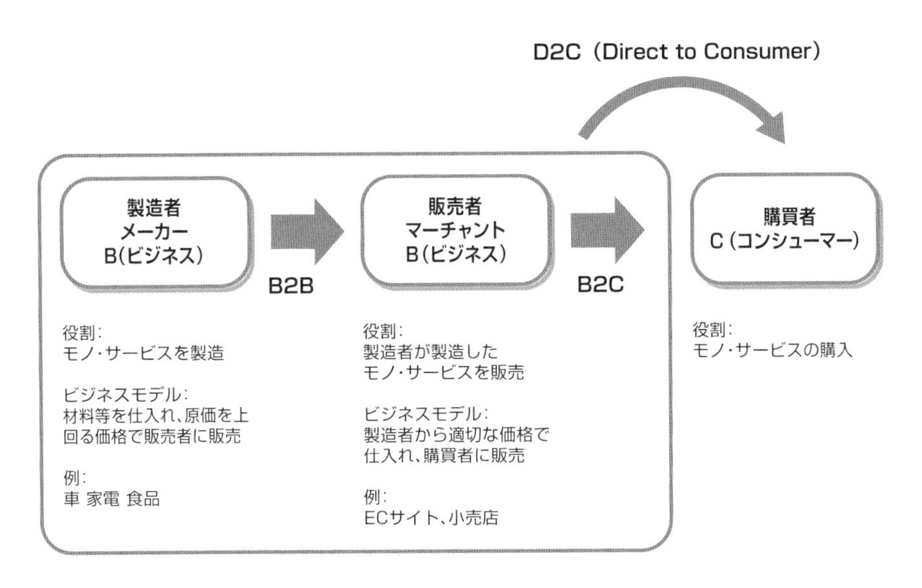

B2B、B2Cは、プレイヤーを「**分離**」するアプローチです。それは、「餅は餅屋」というようにメーカーはモノづくり、マーチャントは仕入れたモノ・サービスをコンシューマー販売すると役割を限定することによって、**規模（スケール）**を確保できるメリットがありますが、メーカーは、コンシューマーのニーズを直接把握することができない、あるいは、マーチャントはコンシューマーのニーズは把握してるものの、そうしたモノ・サービスを提供する機能がないといったデメリットもあります。

ひるがえって、D2Cの場合、B2B、B2Cでの「分離」を「**一体化**」する手法です。メーカーとマーチャントを「一体化」することで、メーカーはコンシューマーのニーズを直接（ダイレクト）に把握できる、マーチャントは自社で製造できるメリットがある一方で、メーカーとマーチャントをすべて「一体化」する必要があり、それに対する経営リソース（ヒト、モノ、カネ）がかかることがデメリットです。

コンシューマーにダイレクトにつながる

一般的には、D2Cはメーカーがマーチャントの機能を持つと定義されることが多いですが、本書では、以下のように定義します。

D2Cとは、メーカーがマーチャント機能、マーチャントがメーカー機能を有し、コンシューマーにダイレクトに向き合う経済活動のこと

具体的には、図1−5に示すように①メーカーによるD2C、②マーチャントによるD2Cの2つの方向がありますが、目指すところは一つで、**コンシューマーとダイレクトに向き合うこと**、です。コンシューマーのニーズを把握し、そのニーズを満たす商品を提供しようとする、その結果として①メーカーがマーチャント機能を有する、もしくは、②マーチャントがメーカーを有する、まさに**ダイレクト・トゥ・コンシューマー（ダイレクトにコンシューマーにつながる）**、ここにD2Cの特徴があります。

図1−5　メーカーによるD2Cとマーチャントによる D2C

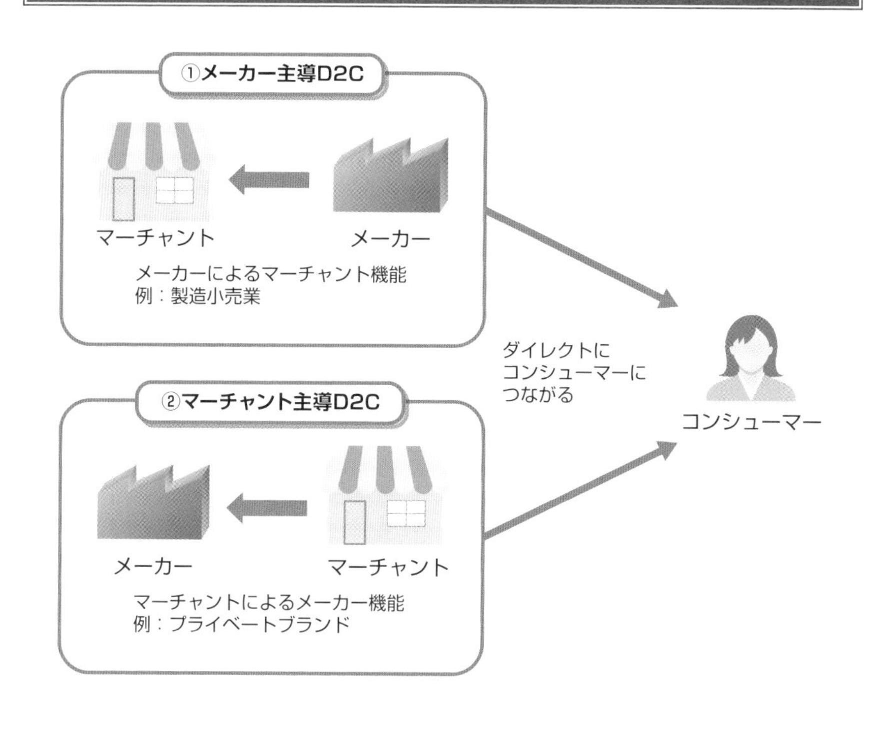

1-2 D2Cを理解するキーワード② SPA

前節では、D2Cとは、メーカーがマーチャント機能、マーチャントがメーカー機能を有し、コンシューマーにダイレクトに向き合う経済活動のこと、と定義しました。こうしたD2Cは、決して新しい話ではありません。メーカー主導D2Cでは、自社で製造して、それを自社の店舗で販売する、いわゆる製販一体は今に始まったことではありません。

SPAとD2Cは同じ定義

こうした小売業における製販一体の代表的な例は、**SPA（Specialty store retailer of Private label Apparel）**です。SPAを直訳すれば、プライベートラベルを販売する特定小売店であり、日本では**製造小売業**とも定義され、製造と小売が一体化しているという点で、メーカーとマーチャントとが一体化したD2Cと定義は同じです。

もともと、SPAの概念が登場したのは、米国のアパレルメーカー GAP（ギャップ）です。GAPは、もともと、リーバイスのジーンズ、レコードを販売する小売店として1969年に米国カリフォルニア州サンフランシスコでオープン、その後、自社でジーンズあるいはカジュアルウェアを製造する上で、SCM（Supply Chain Management：サプライチェーンマネジメント、製造した製品がコンシューマーまで届く物流）の最適化に取り組みました。このようにアパレルの製造から店舗での販売までを自社で完結する手法がSPAです。

こうしたSPAの代表格が、日本をはじめ世界中に衣料品を製造・販売するユニクロであり、そのSPAのビジネスモデルを図1－6に示します。

図1－6 ユニクロのビジネスモデル

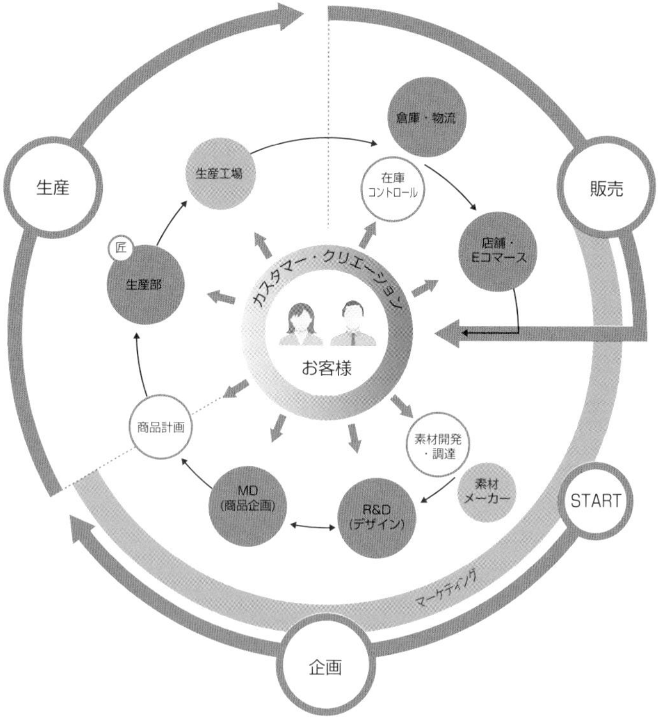

出所：https://www.fastretailing.com/jp/group/strategy/uniqlobusiness.html

SPAの代表、ユニクロのビジネスモデル

ユニクロのビジネスモデルは、**①企画、②生産、③販売**の3つの要素から構成されます。川が上流から下流に下るように、**原料（川上）**から**生産・販売（川下）**まですべての工程について自社で完結しています。自社でどのように企画、生産、販売を実施するのか見ていきます。

①企画

ビジネスモデルのスタートラインは、企画ならびに原料の調達です。原料の調達については、前節ではトヨタが鉄鋼メーカー、部品メーカーから調達したように、ユニクロも、こうした原材料を調達します。衣服における重要な原材料は、ファブリック（布）そしてその布を構成する糸・繊維です。たとえば、ヒートテックのような冬でも保温性を確保するには、特殊な糸・繊維が必要になり、ユニクロは繊維大手の東レと共同で開発します。

そうした繊維のような材料から、顧客がどのような商品を欲しがっているのか、こうしたニーズを世界のファッショントレンドとともに発見するのがR&D（デザイン）であり、コンセプト会議をへてデザインが決定されます。

デザインだけでは、製品は完成しません。店舗に製品を並べるには、春夏秋冬それぞれのシーズンにどれだけ生産して、在庫を持つかといった商品企画（マーチャンダイジング）が必要です。

②生産

商品企画をへて、実際に企画した製品について調達した原材料をもとに生産をします。ユニクロの場合、自社工場を保有しておらず、中国、ベトナム、バングラデシュなどの工場に委託しています。そして、委託した工場でユニクロが求める品質を確保すべくサポートをします。

③販売

商品企画、生産をへて、店舗での販売となります。「店舗」は、物理的な店とECがあります。いずれにおいても、必要な機能は、工場から運んだ製品を店舗で適切な量を在庫し、販売します。

製造小売業の鉄則：企画して、生産して、売る

こうした企画して、生産して、売る、この3つのプロセスが製造小売業のビジネスプロセスと言えます。そして、その3つのプロセスの中心となるのが、**カスタマークリエーション（お客様の創造）**であり、製造小売業のキモと言えます。

●カスタマークリエーションがキモ

なぜ、カスタマークリエーションが重要なのでしょうか？図1−7に小売モデルと製造小売モデルの比較を示します。小売モデルの場合、基本的には、百貨店といっ

た店舗がコンシューマーに商品を販売します、そして、店舗は物理的に限られているので、コンシューマーが好みそうな商品、売れ筋商品を優先的に仕入れて販売します。

●製造小売モデルとカスタマークリエーション

一方、製造小売モデルの場合、ユニクロの店舗が全国にあるように自社の小売店がマーチャントの役割を果たします。そして、その商品を企画し、製造する起点がやはりコンシューマーです。コンシューマーが欲しいもの、これから必要なものを企画して、製造する、このカスタマークリエーションこそが製造小売モデル、ひいては、これから触れるD2Cにおいて重要な点であり、コンシューマーなしでの製造小売モデルは成立しないといっても過言ではありません。

図1－7 小売モデルと製造小売モデル

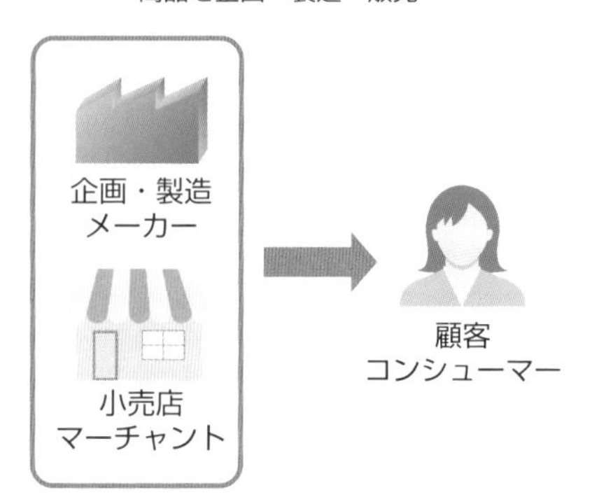

D2Cは、企画して、作って、売る仕組み

さて、D2Cの話に戻します。D2Cは、ユニクロのように、企画して、作って、売る仕組みでもあります。そして、様々な技術・サービスによって、ユニクロのようなリソースを投入することなく、企画して、作って、売る仕組みが登場しつつある、これがD2Cの最大のポイントです。

1-3 D2Cを理解するキーワード③ 川上・川中・川下

一言に小売といっても様々な業種があります。そのなかで、D2Cが向いている業種はあるのでしょうか？

D2C化の対象となる小売量販店

前節ではユニクロの製造小売業SPAについて触れました。ユニクロはアパレルですが、C（コンシューマー）向け製品はアパレルだけではありません。たとえば、スーパーで売っているような食品、飲料、あるいは、ドラッグストアで売っている化粧品、薬用品、さらには、家電量販店で売られている家電などもコンシューマー向け製品であり、図1－8のような小売量販店はD2Cの対象となります。

図１－８　D2Cの対象となる小売量販店

マーチャント	主な取り扱い製品	主なチェーン店	商流
スーパーマーケット	野菜・果実・鮮魚	イオン	短
	米穀・パン	イトーヨーカドー	
	総菜	サミット	
ドラッグストア	一般用医薬品	ウェルシア	短
	化粧品	マツモトキヨシ	
	トイレタリー	サンドラッグ	
	日用品	ココカラファイン	
家電量販店	白物家電	ビックカメラ	短
	ＡＶ家電	ヤマダ電機	
	パソコン・携帯電話	ケーズデンキ	
衣料品・百貨店	レディース	伊勢丹	長
	メンズ	高島屋	
	子供服	大丸	

●短い商流の小売量販店

こうした小売量販店のなかで、D2Cのメリットがある業種とない業種があります。たとえば、スーパーマーケットの場合、やはり鮮度が命です。たとえば鮮魚であれば、その日、市場で仕入れるもしくは契約している漁師から買い付けて、それをできるだけ早く店頭に並べる、したがって、ビジネスの流れ（**商流**）は短くなります。

●長い商流の小売量販店

したがって、スーパーマーケットのような業態においては、メーカーとマーチャントがすでに近い関係にあるので、D2Cによるメーカーとマーチャントの一体化は大きなメリットはなさそうです。このように、スーパーマーケットのような商流が短い業態では、すでにメーカーとマーチャントが近い関係にあるので、D2Cのメリットはなさそうです。むしろ、商流という点で長いのが衣料品・アパレルです。

アパレルの商流

アパレルの商流は、図1−9に示すように、**川上**（上流）では、1.繊維メーカーが天然もしくは合成繊維を製造し、それを2.紡績工場で生地にし、パターンにあわせて縫製し衣料品を製造します。そして、**川中**として、3.**OEM**（Original Equipment Manufacturer、他社ブランドによる製造）として、完成した衣料品を卸し、それを4.アパレル企業が買取り、最後に**川下**として5.百貨店・ショッピングセンターでコンシューマーに販売するという流れです。

図1−9　アパレルの商流

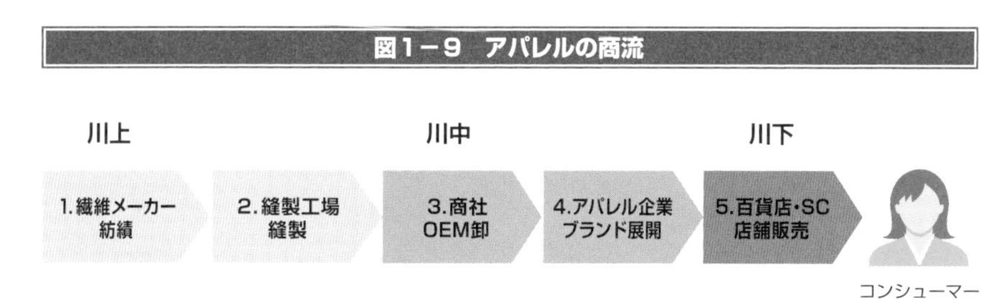

それぞれのバリューチェーンでコストが付加され、コンシューマーがそれを負担

●長い商流のメリット

こうしたアパレルの商流の長さはメリット・デメリット、それぞれあります。まず、メリットは、大規模に衣料品を生産するには適していることです。たとえば、川中で商社が入っているのは、全国の小さな縫製工場を一軒一軒、すべてアパレル企業と取引していては手間がかかります。同じものを大量生産するのであれば、川中としてアパレル商社が介在するのは理にかなっています。

●長い商流のデメリット

一方でデメリットもあります、それは一言でいえば、商流が長い分、それぞれの商流でコストが上乗せされて、値段が割高になる点にあります。やはり、前述のユニクロのように、こうした商流をすべて1社で完結できれば、その分、安いコストで提供することが可能なります。

●アパレルのD2C

こうした点を踏まえると、スーパーマーケットのような商流が短い小売については、たとえ、D2Cにしたところで価格メリットが打ち出せるケースはそれほどないとみられます。一方で、商流が長いアパレルは、長い商流を断ち切り、メーカーが直接企画して、作って、販売するD2Cのモデルにすることのメリットがあります。したがって、D2Cでアパレルが多いというのも、そうした背景によるものです。

1-4
D2Cを理解するキーワード④ レバレッジ

D2Cに向いている業種として、アパレルのような商流が長い業種が効果的であることを指摘しました。ここでは、この商流の特徴について触れます。

ダイレクトチャネル（直接）とインダイレクトチャネル（間接）

D2CのDは**ダイレクト（直接）**のDです。そして、ダイレクト（直接）の反対語はインダイレクト（間接）です。このダイレクトとインダイレクトは、**チャネル（流通経路）**の違いであり、前節で触れた商流と同じです。

そもそも、チャネルの目的は、メーカーによって製造したモノを消費者であるコンシューマーに届けることです。そして、前節で触れたように、スーパーマーケットでは、経由するチャネルが短く、アパレルでは経由するチャネルが長いことを触れました。

●小売業とD2C、いずれも起点と終点は同じ

図1－10は、このチャネルについて、小売業（間接チャネル）とD2C（直接チャネル）を示しています。いずれのアプローチも、起点である**メーカー（商品の企画・生産）**と、終点である**コンシューマー（顧客）**は同じです。

具体的には、起点であるメーカーでは、ある製品の企画そして生産をして、モノをつくります。そして、そのモノが終点であるコンシューマーが購入するという流れは、小売業およびD2Cいずれも共通しています。

図1－10　一般的な小売業とD2C

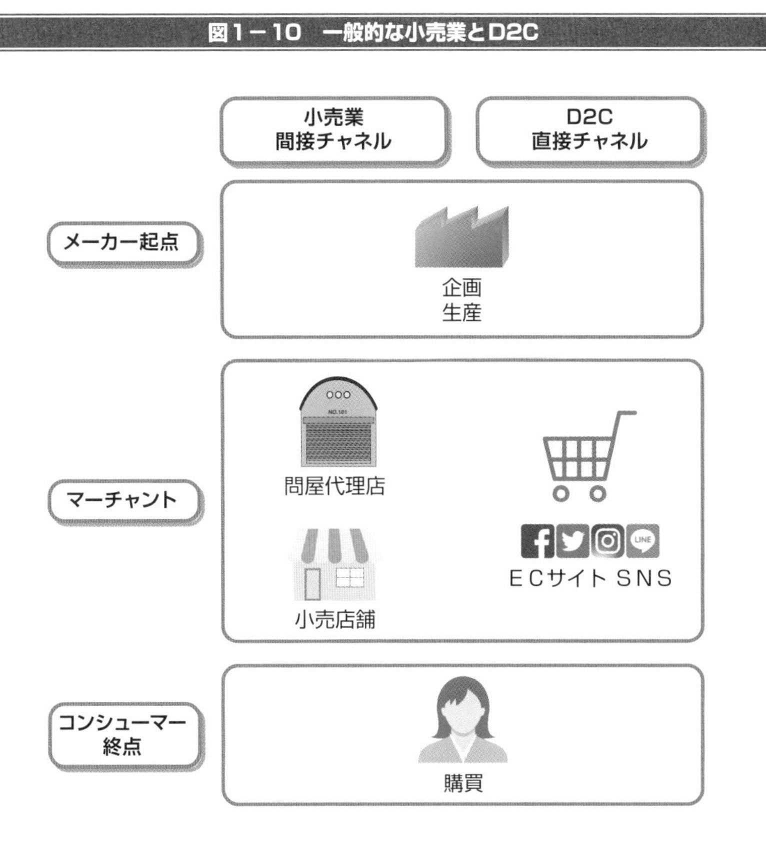

●異なるマーチャントの機能：間接チャネル

小売業とD2Cにおいて、異なるのが**マーチャントの機能**です。間接チャネルの場合、メーカーで生産したモノを問屋・代理店→小売店を経て、コンシューマーが購買します。前節の商流という話では、川中として大規模にOEMを生産するために商社が入ることを指摘しました。このように、メーカーとコンシューマーの間にいくつかの商流が入るのが、間接チャネルです。

●異なるマーチャントの機能：直接チャネル

一方で、直接チャネルの場合、自社ECサイト・SNS等で問屋・代理店、小売店舗を経由することなく直接販売します。すなわち、チャネルという観点で、間接チャネルでは、問屋・代理店を通しますが、直接チャネルではこうした流通チャネルを経由しないモデルです。

●間接チャネルと直接チャネルのビジネスモデル

間接チャネル、直接チャネルのビジネスモデルの違いを図1－11に示します。

図1－11　間接チャネルと直接チャネルの比較

	間接チャネル	直接チャネル
対顧客	間接	直接
ビジネスモデル	水平分業	垂直統合
規模	大	小
売上高	大	少
利益率	低	高
業種	多品種の部品、素材から構成	少品種の部品、素材から構成
メリット	それぞれの専門分野に集中できる結果、スケールしやすい	直接、エンドユーザーのニーズを把握可能できるので、顧客目線で対応できる
デメリット	一つの専門分野で完結するので、エンドユーザーのニーズの把握ができない	すべての分野を自社で構築する必要があるのでリソース（ヒト、モノ、カネ）がかかる

間接チャネルと水平分業モデル

企画、生産、問屋、代理店、小売店舗がそれぞれ水平（Horizontal）に分離することから**水平分業**とよばれ、それぞれ別の会社・組織に分離して、それぞれの分野に特化するアプローチです。

●水平分業のメリット

一概に水平分業について効率が悪いとは言えません。たとえば、米、酒、みそ・しょうゆといった食品分野では、「古い」と思われるかもしれませんが、今でも問屋・代理店を利用するケースが一般的です。というのは、エンドユーザーであるレストラン・飲食店にとって、すべての食品を直接仕入れるよりは、問屋にまとめて注文して、毎日配達したもらった方が効率的です。くわえて、食品メーカーにとっても、販売は問屋、小売店に任せて生産に集中することができる、すなわち、**スケール（規模）**が大きい場合は、水平分業、間接アプローチが有効なモデルです。

●直接チャネルのメリット・デメリット

一方で、直接チャネルの場合、メリット・デメリットは、間接アプローチの全く逆になります。間接チャネルのメリットはそれぞれ専門分野に特化することで、スケールする仕組みですが、直接チャネルの場合、**スケールという点で課題**があります。もちろん、ユニクロのように、企画・生産・販売を一貫して展開することも可能ですが、その体制を構築するための経営リソース（ヒト、モノ、カネ）が必要です。

古くて新しいD2Cとレバレッジ

さて、D2Cに話を戻します。D2Cは、言うまでもなく、直接（ダイレクト）チャネルであり、エンドユーザーに直接製品・サービスを提供する方式であり古くから存在しているビジネスモデルとであり、新しいものではありません。ただし、D2Cならではという点があるとすれば、**レバレッジ（テコ）**にあると言えそうです。

●レバレッジとは？

テコは、小さい力で大きなものを動かすことができます。すなわち、レバレッジとは**何かしら「他の力」を利用して小さい力で大きなものをもちあげること**、と定義できます。

たとえば、外国為替証拠金取引（FX）の場合、1万円の証拠金（FX業者に預ける資金）で10倍のレバレッジである10万円の投資をすることができます。それは「**他の力**」を借りることに他なりません。

●SNSで「他の力」を借りる

そして、D2Cにおいて、レバレッジに相当するのが**SNS（ソーシャルネットワークサービス）**です。では、SNSでどう「他の力」を借りるのでしょうか？その概要を図1－12に示します。

SNSの一つであるインスタグラムでは、ユーザが写真とコメントをつけて投稿します。そして、そのユーザが有名人であったり、オピニオンリーダーであったりする場合、そのアカウントをフォローします。たとえば、図1－12であれば、春子さんはフォロワー 1万人、奈津子さんは1.5万人、冬子さんは5000人といった具合です。

図1－12 SNSによるレバレッジ

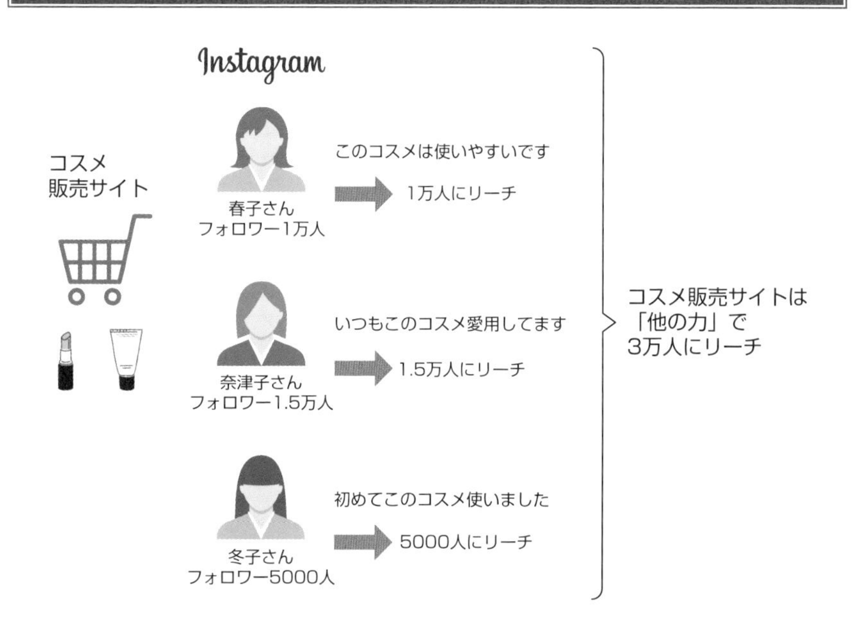

●フォロワーへの認知がレバレッジ

そして、あるコスメ販売サイトで購入したコスメについて、春子さんが「このコスメは使いやすいです」とコスメの写真とともに投稿すると、フォロワー 1万人にそのコスメが認知されます。同様に、奈津子さんは1.5万人にリーチ、冬子さんは5000人に認知することができます。すなわち、コスメ販売サイトは自社でインスタを投稿することなく、春子さん、奈津子さん、冬子さんという「他の力」を利用することで、3万人にリーチすることができ、これが**SNSによるレバレッジ**です。

1-5 D2Cを理解するキーワード⑤ ショピファイ

D2Cは前述のように直接チャネルで直接コンシューマーに販売するアプローチです。そして、SNSによるレバレッジについて触れましたが、ECも「他の力」を借りるのが主流です。そして、そのレバレッジの一つがECプラットフォームであるショピファイです。

1年で時価総額が3.6倍　ショピファイとは？

「他の力」を借りるのはSNSだけではありません、ECもそのトレンドがあり、ECでの代表格が、ECプラットフォームを提供する**ショピファイ（Shopify）**です。図1−13に示すように、同社の株価は2019年11月8日の終値297.64米ドルから2020年12月17日の終値1180米ドルと1年足らずで3.9倍も上昇しました。

図1−13　ショピファイの株価推移（単位：米ドル）

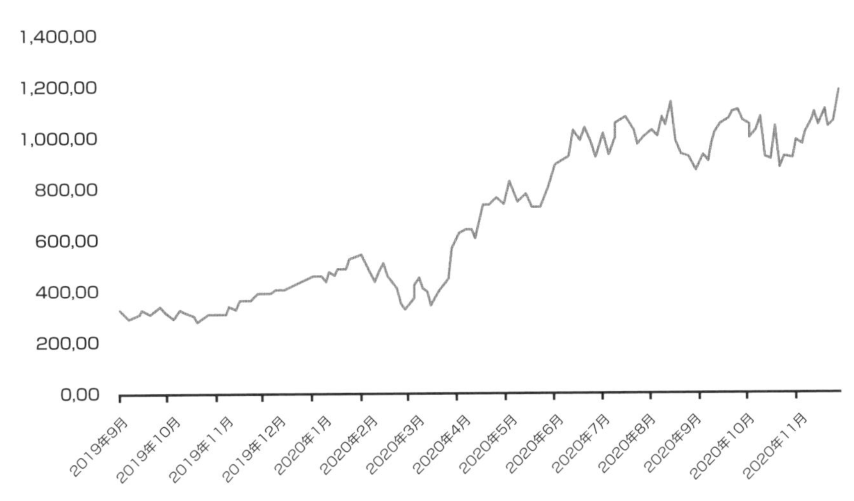

出所：Yahoo！Finance

同社の時価総額は、1307億米ドル（1米ドル103円換算で13.4兆円）、アマゾンの時価総額1兆6237億米ドル（同167.2兆円　2020年12月17日終値3236.08米ドルより算出）にくらべては10分の1以下ではあるものの、大きくなりすぎてアマゾンでは買収できないレベルであり、**次のアマゾン**とも言えそうです。そして、この株価上昇の背景が、今後D2Cビジネスにおいてショピファイが主要なプレイヤーになるのではないかという思惑によるものです。

ショピファイのマルチチャネルECプラットフォーム

このショピファイの概要を図1－14に示します。D2Cがメーカー、もしくは、マーチャントが企画して、作って、売るというビジネスのサイクルのうち、ショピファイが提供するのは**販売（マーチャント）機能**です。具体的には、同社の機能を一言でいえば、**マルチチャネルECプラットフォーム**です。

マルチチャネルECプラットフォームとは、図1－14に示すように、**複数の販売チャネルをまとめる方式**です。一言にECといっても、自社サイトだけでは、その認知に限界はあります。とくに、小さな店舗の場合、顧客の認知に限界があります。

●SNSとECを組み合わせたECプラットフォーム

そこで、マルチチャネルECは、フェイスブック、インスタグラムといったSNS、あるいは、アマゾンなどの複数のチャネル経由で商品・サービスを購入できる仕組みです。したがって、一度、ショピファイでサイトを構築すれば、他のサイトではECサイトを構築する必要がない、いわば、お手軽なアプローチです。くわえて、前節で触れたように、SNSは「他の力」である**レバレッジ**が効きやすい分野であり、**SNSによるレバレッジをショッピング（買い物）に誘導する仕組み**とも言えます。

●ショピファイのマーチャント機能

こうしたマルチチャネルにくわえて、ショピファイは、いわゆる、販売（マーチャント）に必要な機能をほぼすべて提供しています。具体的には、顧客がクレジットカードで購入した際の**クレジットカード決済**、顧客からの**注文管理**、商品の**在庫管理**、**顧客管理**、**越境ECサポート**（国をまたいだECの対応）といったところです。

図1－14 ショピファイのマルチチャネルECプラットフォーム

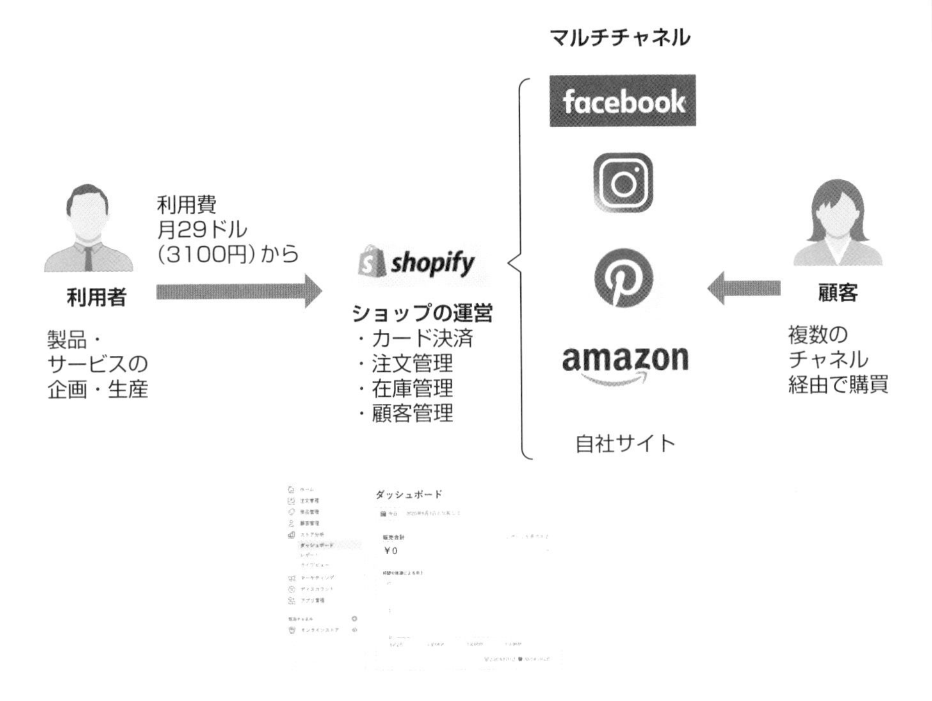

ショピファイとアマゾン

こうしたマーチャント機能を提供するショピファイとECサイトアマゾンとの違いは明確です。アマゾンには、利用者が自社の商品を顧客に販売するフルフィルメントの機能がありますが、あくまで、主役は、アマゾンのECプラットフォームです。一方、ショピファイの場合、**ECプラットフォームはわき役・黒子**であり、主役は製品・サービスを提供する店舗・利用者にあります。

●ショピファイの流通取引金額

こうしたアマゾンとの明確なモデルの違いもあり、ショピファイは、日本を含めた世界175カ国、ショップ数は100万店舗を越え、図1－15に示すように2020年Q2（4－6月）の**GMV（Gross Marchandize Value 流通取引金額）**は、301億米ドル（日本円3.16兆円）、楽天の2020年4－6月のGMVは1.03兆円*な

＊**楽天のGMV** https://corp.rakuten.co.jp/investors/financial/indicators.html

ので、楽天の3倍の規模に単純計算で相当します。

図1－15　ショピファイの流通総額推移（単位：10億US米ドル）

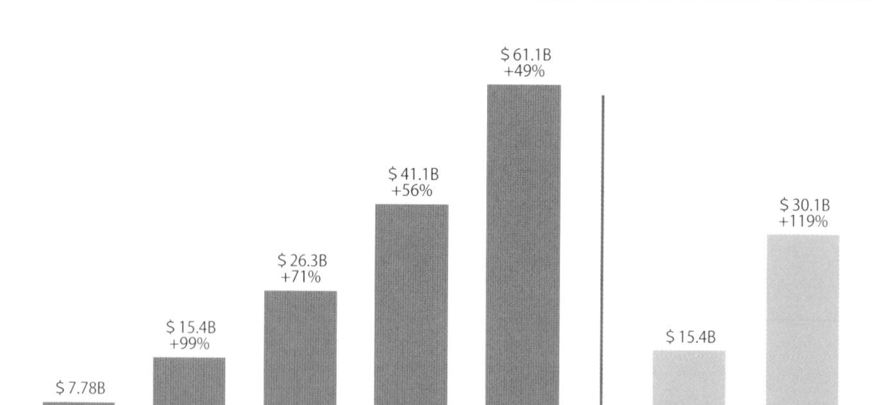

●D2Cとショピファイ

D2Cという観点では、ショピファイは、企画して、作って、販売するプロセスのうち、**販売（マーチャント）**機能を請け負います。仮に、ショピファイがない場合、販売者は、自社でECサイトを構築する必要があり、注文管理、顧客管理、在庫管理と手間がかかる分野です。ショピファイは、こうした点をECプラットフォームとして提供するため、販売者は、販売することだけに集中できます。すなわち、**ショピファイという「他の力」を借りるレバレッジ**であり、こうしたレバレッジを活用することが、D2Cの原動力の一つと言えそうです。

1-6 D2Cを理解するキーワード⑥ データ活用

前述のように、ショピファイは、マルチチャネルECプラットフォームとして、D2Cの次の主役ともいえる存在です。そして、EC+SNSによるD2Cのメリットはやはり、コンシューマーからのフィードバックです。

直接チャネルのメリット

コンシューマーからのフィードバックについて、前述のユニクロでは、企画、生産、販売の中心に顧客がいました。やはり、直接チャネルの最大のメリットは、やはり、**顧客と直接向き合うことができる**点が最大のメリットです。

●オンライン・オフラインで顧客に向き合う

顧客との向き合うことは実際の店舗に訪問・購買する**オフライン**、そして、ECで訪問・購買する**オンライン**、いずれも共通です。具体的には、図1−16に示すように1.**告知**、2.**来店**、3.**購買**という3つのプロセスに分けることができます。

図1−16　オフラインでの認知・来店・購買

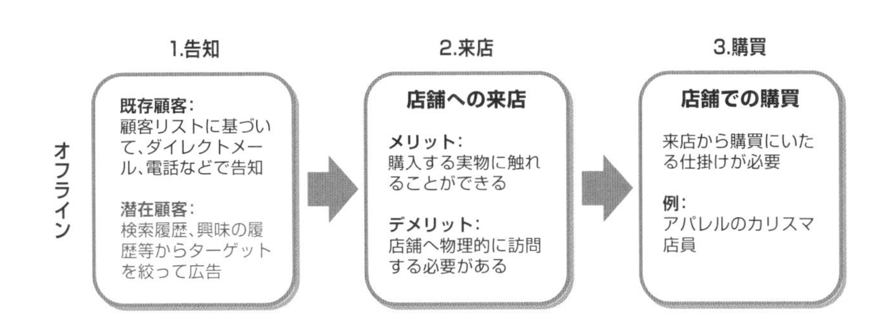

1.オフラインでの告知

まず、オフラインの告知です。顧客リストあるいは見込み顧客リストに基づいて自社製品を**告知**します。告知は、自社製品を顧客に知らせることです。そして、「告知」である以上、顧客にとって何かしらのメリットも必要であり、普段より安い価格で購入できるセール・バーゲン情報、新しい製品・サービスの入荷情報など、が告知の対象となります。

●既存顧客への告知

この告知は大きく分けて2つのターゲットが存在します。一つは、すでにその店舗を知っているあるいは購買実績のある**既存顧客**です。こうした既存顧客に対してはオフラインであれば郵送物を送付する**ダイレクトメール**、あるいは、売上の貢献度が高い得意客であれば電話といった方法もあります。

●潜在顧客への告知

もう一つのターゲットは、まだその店舗を知らないものの興味のある**潜在顧客**へのアプローチです。まだ知らない店舗・製品・サービスに興味を持ってもらうためには、何かしらの手段が必要です。具体的には、テレビ、ラジオ、新聞等で製品・サービスをコマーシャル（CM）として紹介する、あるいは「新規店舗オープンしました」といった来店を促す折込チラシを配布するといった方法もあります。

2.オフラインでの来客

こうしたオフラインでの告知をもとに興味をもった既存顧客ならびに潜在顧客による店舗への**来店**という段階に移ります。こうしたオフラインでの来客のメリットは、店舗で実物を確かめることができることです。たとえば、アパレルの場合、試着して決めるという場合もあり、それはオフラインならではのメリットです。

一方、デメリットは実際に店舗に訪問する必要がある点です。とくに、2020年以降は新型コロナウイルスの感染拡大により物理的に店舗へ訪問する機会が減っています。あるいは、水、洗剤、コメなど決まった日常品であれば、わざわざ店舗で購入しなくても、ネットで注文すれば、運ぶ手間も省けます。

3.オフラインでの購入

来店しても、見るだけで結局何も購入しない、いわゆる、ウィンドウショッピングはよくある話です。ウィンドウショッピングだけでは収益が得られませんので、**来客→購入に促す仕掛け**が必要です。

仕掛けの例で、たとえば、アパレルでは、カリスマ店員のようにその店舗の名物店員が接客し、その名物店員のコーディネートをマネしたいために来店する、こうした来店の動機もあります。したがって、こうした来店の動機であれば、購入のハードルは下がります。

1.オンラインでの告知

次にオンラインでの告知・訪問・購入について図1－17に示します。オンラインでも既存顧客に対するアプローチは、オフラインと大きく変わりません。実際にECサイトで購買実績のある顧客あるいはメルマガ登録している見込み顧客に対してメール、あるいは、サイトでタイムセール等を告知します。得意客に対しては、特別割引のシークレットセールもあります。

図1－17　オンラインでの告知・来店・購買

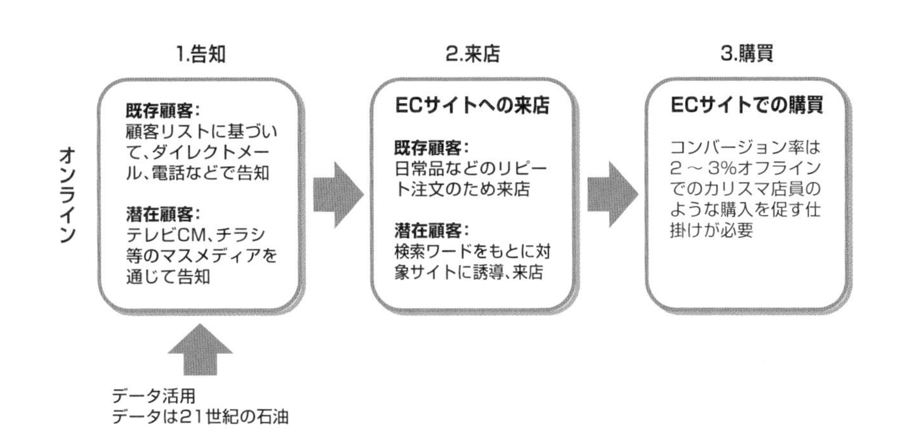

●オンラインでの潜在顧客へのアプローチ

むしろ、アプローチが異なるのが、**オンラインでの潜在顧客に対するアプローチ**です。オフラインでは、マスメディア経由の広告でしたが、オンラインの場合は、**興味のターゲット**を絞る点が決定的に異なります。

●データは21世紀の石油

たとえば、夏から秋にかけて温度が涼しくなり、カーディガンが欲しくなったとき、グーグル等の検索で「カーディガン」と検索します。この検索ワードは、検索者にとって、カーディガンが欲しいと解釈することが可能であり、カーディガンを販売する小売店舗としては、売上に貢献する可能性がある潜在顧客に他ならず、「**データは21世紀の石油**」と呼ばれるゆえんはここにあります。

2.オンラインでの来店

オンラインの場合、来店パターンは大きく分けて次の2つです。

1. **既存顧客によるリピート来店**：アマゾン、楽天などすでに利用しているECサイトにおいて購買するパターンです。これは、オフラインの逆で、実際に店舗に訪問することなく、家でも外出先でも場所および時間の制約がなく、いつでもどこでも訪問・購買することができる点です。とくに、新型コロナウイルス感染拡大を防ぐため、日常品の注文からフードデリバリーまで様々な業種でオンラインでの来店・購買が加速しました。
2. **潜在顧客へのターゲット来店**：前述のようにターゲット広告を利用して、「カーディガン」を検索したら、アパレルECサイトに誘導するような「来店」がオンラインでは可能になります。これがオフラインとの最大の違いであり、そこから購入→リピートという流れを作るかがポイントになります。

3.オンラインでの購買

利用者がECサイト訪問はハードルの高いことではありません、むしろ、敷居が高いのは、訪問からどう実際の購買につなげられるかにあります。実際の訪問から購買への確率を**コンバージョン率（CVR: ConVersion Rate）**と定義し、一般的なCVRは2～3%と言われています。すなわち、100人ECサイトを訪問したとして、実際の購買に至るのは2～3人です。したがって、サイト訪問者数を増やす、もしくは、キャンペーン等でCVRを上げる仕組みが必要になります。

オンラインによるレバレッジ

オンライン・オフラインいずれも共通しているのが告知→来店→購買というサイクルを繰り返すことです。すなわち、告知で既存・潜在顧客に興味を持ってもらい、来店から購買と繋げます。オンライン・オフライン、一長一短であり、どちらが優れているという話ではありませんが、前節で触れた「他の力」を活用する**レバレッジ**という観点では、オンラインに軍配が上がります。

●レバレッジはD2Cのポテンシャル

とくにターゲット広告などによって興味のある潜在顧客に告知し、来店・購買へとつなげるプロセスは、人手に頼らず大きな成果を得ることができます。くわえて、原則、オンラインで完結するので、告知担当、店員といったスタッフの配置も最低限で済みます。すなわち、D2Cでは、一人でもECサイトが始められるという触れ込みがありますが、これは**一人でも「他の力」を活用することでスタートすることができる**、これがD2Cのポテンシャルと言えそうです。

●オンラインによる顧客データ活用

オンラインでは、前述のターゲティング広告等による**潜在顧客のデータ**が最大の強みですが、これにくわえて、すべてがデジタル化されているので、この**顧客データを活用する**、これがD2Cで大きな成果をあげるポイントでもあります。この具体的なデータ活用は、おもに、以下の3つに分類することができます（図1−18）。

図1－18 3つの顧客データ

①顧客の購買データ
- 購入アイテム
- Recency（最近の購入日）
- Frequency（来店頻度）
- Monetary（購入ボリューム）
など

②顧客の属性データ
- 性別、世代
- Category（カテゴリ）
- Taste（テイスト）
- Brand（ブランド）など

③店舗来訪データ
- 来訪者数
- 検索ワード
- 注文情報
- 流入チャネル
など

ショピファイのダッシュボード

1.**顧客の購買データ**：店舗で購買もしくは見込顧客の購買データです。こうした購買データを整理する切り口として、**Recency**（最近の購入日）、**Frequency**（来店頻度）、**Monetary**（購入ボリューム）、3つの頭文字をとって**RFM分析**によって顧客の購買行動の把握ならびに優良顧客のグループ分類をします。

2.**顧客の属性データ**：顧客の購買データにくわえて、顧客もしくは見込み顧客がどのような属性あるいは嗜好をもっているかをデータ化します。このデータは、これまでの購買データ等に基づいて**Category**（よく購入するカテゴリ、アパレルのTシャツなど）、**Taste**（色やサイズの嗜好）、そして、**Brand**（ブランド）の3つの頭文字をとって**CTB分析**を用いて、顧客の嗜好を分析・把握します。

3.**店舗来訪データ**：ECサイトに関するアクセス情報です。具体的にはサイトの来訪者、来訪にあたってヒットした検索ワード、フェイスブック、インスタグラム、ツイッターといったSNSチャネルの流入情報です。

●顧客データの活用

「**データは21世紀の石油**」と呼ばれるように、顧客データはオンラインにおいて極めて重要な要素ですが、そのデータは溜めているだけでは価値はありません。むしろ、その顧客データを分析して、どういう傾向があるのか、顧客はどういうイベントに反応を示すのか、こうした「**顧客を知る**」こと、オフラインでも店員がリピーター顧客の好みを把握することと同じですが、これがD2Cで重要な要素と言えそうです。

1-7 D2Cを理解するキーワード⑦ インフルエンサーマーケティング

D2Cによる顧客への直接チャネルでの販売は、「他の力」で大きな成果を得るレバレッジがテーマです。そして、ターゲティング広告など潜在顧客に告知する手法にくわえて、最近、中国を中心に増えているのがインフルエンサーマーケティングという告知手法です。

インフルエンサーマーケティングとは？

1−4「D2Cを理解するキーワード④レバレッジ」でも触れたように、レバレッジの原点は、「他の力」を借りることです。そして、多くの潜在顧客にリーチするためには、たくさんのフォローをもつ**カリスマ**の力を借りることが効果的です。こうした多数のフォロワーをもつカリスマを活用したマーケティング手法を**インフルエンサーマーケティング**と呼びます。

具体的に、インフルエンサーマーケティングとは、フェイスブック、インスタグラムといったSNSで多数のフォロワーを有する＝フォロワーに影響力をもつカリスマ、すなわち、インフルエンサーが企業の製品・サービスを紹介し、告知する手法です。

●以前から存在するインフルエンサーマーケティング

もちろん、インフルエンサーマーケティング自体は、新しいことではありません。たとえば、テレビCMでは、社会的に影響を及ぼす芸能人・有名人を起用し、それをテレビ番組の合間にCMとして流すことによって、「あの人が言ってるから買わないと」という販売促進もいわゆるインフルエンサーマーケティングの一つです。

とくに、ネットの場合、フェイクニュース（偽のニュース）といった真実と異なるニュースが報道されることもあり、何が正しくて、何が正しくないか、それを判断する基準として「信頼している人」であるインフルエンサーが必要とされるとも言えます。

●インフルエンサーによるマーケティングの形式

こうしたインフルエンサーマーケティングは、図1－19のように分類することができます。

図1－19　インフルエンサーによるマーケティング

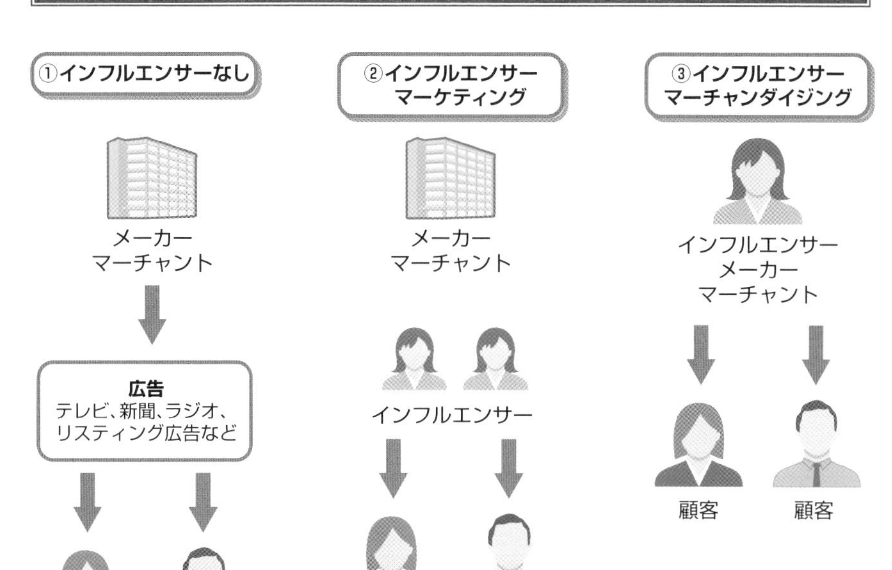

1.**インフルエンサーなし**：メーカー・マーチャントが、インフルエンサーを起用することなく、広告等を通じて顧客に認知するパターンです。
2.**インフルエンサーマーケティング**：メーカー・マーチャントがインフルエンサーに商品・サービスの告知を依頼し、インフルエンサーがフォロワーに告知します。専門性が高いインフルエンサーについては、**キーオピニオンリーダー（Key Opinion Leader：KOL）**とも呼ばれます。
3.**インフルエンサーマーチャンダイジング**：2.インフルエンサーマーケティングの場合、あくまでも、メーカーあるいはマーチャントから提供された商品・サービスの告知でしたが、このケースは、インフルエンサーがメーカー・マーチャントとして自身が販売するケースであり、**企画・生産から販売・告知（プロモーション）まで垂直統合**するという点でD2Cとも言えそうです。日本でも、ユーチューバーがブランドを立ち上げるという事例（5−3「ユーチューバーマーケティングで拡大するロコンド」）もあり、今後、大きく伸びる分野と言えそうです。

中国で発達するインフルエンサーマーチャンダイジング

インフルエンサーがメーカー・マーチャントとなり、顧客に直接告知するインフルエンサーマーチャンダイジングは、日本では少ないですが、このインフルエンサーマーケティングが最も進んでいるのは中国です。日本の場合は、インフルエンサーマーケティングといっても、企業が商品を渡して、インフルエンサーがSNSで紹介するといった手法が中心ですが、中国の場合は、インフルエンサーが、自身でブランドを立ち上げて、フォロワーに販売するという仕組みが確立しています。

●ウェブセレブによるブランド展開

図1−19にそのウェブセレブによるブランドについて示しています。ウェブセレブ、チャン・リンチャオ（张林超）さんは、2015年の英国留学時に趣味として中国のノーブランド商品を販売、そして、アリババが提供するECプラットフォーム「タオバオ」を利用すれば、趣味がビジネスになることに気づいて、2017年自身のアパレルブランド「**リン・エディション**」を設立します。

●ウェブセレブによるオンデマンド販売

このリン・エディションのビジネスモデルを一言でいえば、**オンデマンド販売**とも言えます。図1−20に示すように、リン・エディションでは、ミニブログのウェイボー（829万フォロワー）、中国版インスタグラムのような口コミSNS小紅書（RED）に、タイムセール・新商品の案内を告知します。

●オンデマンド生産

セールの告知は、大量の在庫がある状態でスタートするのが一般的ですが、リン・エディションが2015年春に持っていた在庫はわずか1000個程度でした。一方で、フォロワーはセール開始すると、タオバオ上のオンラインショップに殺到し、サイト来訪者は6万人、わずか一分で商品は売り切れました。

そして、売り切れたら終了ではなく、必要な素材の量や納期、返品率などを考慮しながら予約を受け付けます。そして、その予約注文を委託しているアパレル工場に生産委託、フォロワーには7～9日後に出荷、すなわち、ユニクロの場合では、あらかじめ需要を予測して、材料を調達、在庫するという形式でしたが、リン・エディションでは、**フォロワーからの予約注文をもとにオンデマンドで生産**するという逆の発想です。

●インフルエンサーマーケティング＋オンデマンド販売の新しいビジネスモデル

もちろん、中国の商習慣あるいはアリババのビジネスモデルは、他国にはない特殊なところもあるので、一概に、日本でウェブセレブが独自ブランドを立ち上げて、オンデマンド生産で成功するとは限りません。ただし、D2Cという観点では、こうしたSNSによる告知、そして、ECプラットフォームとの連携により、企画して生産して販売するという従来の流れが、企画して販売して最後に生産するという、まさに直接顧客に届けるという新しいD2Cの流れが生まれてきているとも言えそうです。

図1－20　ウェブセレブによるオンデマンド販売

第1章まとめ

第1章では、D2Cを理解する7つのキーワードとして、D2Cにかかわる7つのキーワードをもとにD2Cの概要について触れました。これをまとめると以下です。

●1−1　キーワード①メーカー、マーチャント、コンシューマー

あらゆる商取引は、メーカー、マーチャント、コンシューマーの3者から構成されます。そして、D2Cとは、メーカーとマーチャントが一体となりコンシューマーに製品・サービスを提供する方式です。

●1−2　キーワード②SPA

SPAとは製造型小売業とも定義され、メーカーとマーチャントが一体となり、自社で企画し、生産し、販売する方式であり、広義のD2Cです。コンシューマーからのフィードバックを直接受けることができるというメリットがある分、企画・生産・販売体制を構築する必要があり、リソースもかかります。

●1−3　キーワード③川上・川中・川下

食品、家電、衣料など分野別に小売量販店がありますが、そのなかで、D2Cに向いているのは商流が長い分野で、その商流を断ち切ることで、コンシューマーにリーズナブルでこだわりを提供することができます。

●1−4　キーワード④レバレッジ

SPAはD2Cの一つの形ですが、ポイントは、販売チャネルが直接か問屋・代理店・小売店を通す間接チャネルかどうか、です。間接チャネルの場合、それぞれ専門分野に特化するのでスケールしやすい傾向がありますが、D2Cによる直接チャネルは「他の力」を利用するレバレッジが効きやすくなります。

●1-5　キーワード⑤ショピファイ

直接チャネルの実現はコストがかかりますが、テクノロジーの進化でレバレッジが効くようになりました。それがマルチチャネルECプラットフォームであるショピファイです。ショピファイは、月30米ドル程度で注文・在庫管理といったEC機能ならびにSNSへの流入といったマーチャント機能を提供します。

●1-6　キーワード⑥データ活用

オンライン・オフライン、いずれも既存・潜在顧客への認知、来店、購買というプロセスを経由します。オンラインの強みは、ターゲティング広告等により少ない力で潜在顧客にアプローチすることができる、すなわち、大きな成果を得ることができる点であり、潜在顧客を含めた顧客データの活用がD2Cのレバレッジと言えます。

●1-7　キーワード⑦インフルエンサーマーケティング

商品·サービスを告知する際、SNSで多数のフォローを抱えるインフルエンサーが自身のSNSアカウントでそうした商品・サービスを紹介する方法です。基本は、メーカー・マーチャントから提供を受けた商品・サービスですが、最近ではインフルエンサー自身が商品・サービスを提供するケースもあります。

ソフトウェア開発にみる水平分業と垂直統合

本章では、D2Cについて、企画して、生産して、直接販売する、こうしたすべてのビジネスサイクルがD2Cの特徴であることを触れました。そして、D2Cのように企画、生産、販売をすべて手掛ける垂直統合。一方で、企画、生産、販売、それぞれ専門に分かれて分業する水平分業、この2つのビジネスモデルが存在することについて触れました。

さて、この水平分業と垂直統合、ネットビジネスに限らず多くの分野にみられるモデルです。たとえば、ソフトウェア開発でも、この水平分業と垂直統合が存在します。

ソフトウェア開発における水平分業は、あるソフトウェアを制作する際、設計、コーディング（実装)、テストなどそれぞれの機能を会社、チームごとに分離する方法です。水が流れるように設計→実装→テストとプロセスを進めることからウォーターフォール型開発とも呼ばれています。一方で、D2Cのように設計、実装、テストと一つのチームですべての工程を担うケース、これを俊敏、すばやいという英語をとってアジャイル型開発と呼びます。

このウォーターフォール型開発とアジャイル型開発、どちらも一長一短があります。開発スピードという点では、やはり、アジャイル型開発に軍配があがります。D2Cも同じでユーザからのフィードバックをもとに、設計→実装→テストという反復作業をスピーディーに繰り返す、これがアジャイル型開発のメリットです。

一方、ウォーターフォール型開発の利点はやはりそれぞれの工程が分業化されているため、金融機関のシステムなどの大規模なシステム開発に向いています。クラシックのオーケストラに近いかもしれません。一方で、アジャイル型開発の場合、比較的少ない人数のチームですべての工程を実施するため、大規模なシステム開発には向いていません、これはジャズのセッションに似ています。

ウォーターフォール型開発、アジャイル型開発、間接チャネルと直接チャネルと議論と同じでどちらが優れている、良いという話ではありません。ただ、D2CもEC・SNSといったテクノロジーでレバレッジされているように、システム開発も大量に工数を動員して、大規模に水平分業するウォーターフォール型開発よりも様々なツールを組み合わせたアジャイル型開発が増えているように思います。とくに、これまで最も規模が大きいウォーターフォール型開発であったみずほ銀行次世代基幹システムが終了してから、この動きが加速しているように感じます。

ひるがえって、D2Cもこれに近いかもしれません。すなわち、テクノロジーの力でじわじわと既存の間接チャネルを代替する、こうした流れの入り口に我々は立っているのかもしれません。

第2章

D2Cで変わるコマースのビジネスモデル

第1章では、D2Cを理解する7つのキーワードとしてD2Cの概要について触れました。D2Cは、メーカー・マーチャントが一体となってコンシューマーにアプローチする仕組みです。そして、どのようにコンシューマーにアプローチするか、それにはビジネスの仕組み、いわゆる、ビジネスモデルが必要です。本章では、こうしたD2Cのビジネスモデルについて触れます。

2-1
D2Cで変わるコマースのビジネスモデル

コマースは、メーカー、マーチャント、コンシューマーから構成されます。そして、それぞれがD2Cでどう変わるのか、それはビジネスモデルが変化することを意味します。

D2Cによるメーカー、マーチャント、コンシューマーのビジネスモデル

第1章では、D2Cの概要について触れました。D2Cのインパクト、それは、EC・SNSによるデジタル技術を活用した「他の力」を使うレバレッジにあります。では、D2Cによって、ビジネスモデルがどうかわるのか、第1章で触れた**メーカー**、**マーチャント**そして**コンシューマー**の3者に分けて、その影響について触れます（図2−1）。

図2−1 D2Cによるメーカー、マーチャント、コンシューマーのビジネスモデル

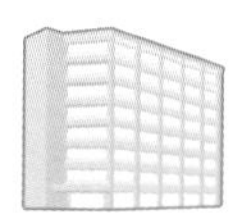

	メーカー	マーチャント	コンシューマー
役割	商品の製造	商品の販売	商品の購買
既存のビジネスモデル	材料を仕入れて、製造、マーチャントに販売	1. メーカーから仕入れて、コンシューマーに販売 2. テナント収入	マーチャントから購買
D2Cによるビジネスモデルの変化	1. EC完結 2. 製造「情報」小売業へ	メーカーによるマーチャント機能の統合	Z世代台頭によるソーシャルネイティブ化
D2Cによるビジネスモデル	コンシューマーのニーズをもとに企画・製造・販売	1. テナント収入 2. プライベートブランド	ユーチューブマーケティングといったSNSを活用した認知

D2Cで変わるメーカーのビジネスモデル

D2Cによって、一番大きくビジネスモデルが変わるのがメーカーです。前章で触れたように、メーカー＋マーチャントは、ユニクロに代表されるSPAのビジネスモデルでもあり目新しいわけではありません。むしろ、D2Cによる変化は、**EC完結**にあります。

メーカーとマーチャントがただ一体化することがD2Cではありません。メーカーの注文、販売といった機能とマーチャントの注文、販売機能、それぞれの機能をECで完結することで、新しいビジネスモデルが成立します。

●EC完結によるインパクト

EC完結とは、**実店舗・ネットをすべてECで完結すること**です。現状、多くのコンシューマーがスマホを持ち、常にネットにアクセスできる状況になっているので、店舗で実物を確認あるいはサイズを採寸して、注文はスマホ、あるいは、備え付けのタブレットで注文、後日、配送するといったことが可能になり、実店舗も含めてすべての注文がECで可能になりつつあります。

●製造「情報」小売業への転換

実店舗を含めてすべての注文がEC完結となると、メーカーのビジネスモデルも変化します。それは、マーチャントが店舗で実際の購入者であるコンシューマーと向き合い、そのフィードバックをメーカーに伝えるという方式から、マーチャントを通り越して、メーカーは直接コンシューマーに向かい合うことになります。したがって、メーカーは、コンシューマーと向き合い、コンシューマーのニーズを把握する、こうした情報を処理することが求められ、それはメーカーのビジネスモデルが**製造「情報」小売業**への転換と言えそうです。こうした変化するメーカーのビジネスモデルについては、2−2「D2Cで変わるメーカーのビジネスモデル」で触れます。

D2Cで変わるマーチャントのビジネスモデル

メーカーがマーチャントと一体化すると、そのあおりを受けるのがマーチャントです。極端な話、すべてのメーカーがマーチャント機能を備えたら、マーチャントは必要なくなってしまいます。

しかし、マーチャントが必要なくなるというのは、あくまで極端な話であり、おそらく、ある程度淘汰されることがあっても、今のマーチャントがなくなることはないでしょう。ただし、マーチャントも時代にあわせてビジネスモデルも変化しないと、マーチャントは生き残れないと考えます。

そして、具体的なD2C時代のマーチャントのビジネスモデル、**1.クリック&モルタル（ショールームとして場所を提供）、2.プライベートブランド、3.プラットフォーム（ショピファイ等との協業）**があります。マーチャントのビジネスモデルについては、2−3「マーチャントのビジネスモデル」、そしてショピファイについては、2−4「ショピファイのビジネスモデル」、2−5「ショピファイの競合環境」で触れます。

D2Cで変わるコンシューマーの消費行動

コンシューマー（以下、顧客）は、最終的に製品・サービスを購買するいわゆるエンドユーザーでもあり、ビジネスモデルというより、**顧客の消費行動の変化**が近いかもしれません。

この顧客の消費行動の変化は、一言でいえば、より質の高い顧客体験（CX：Customer Experience）を求めることです。顧客体験とは、商品・サービスを購入する一連の経験であり、D2Cによって、顧客とメーカーそしてマーチャントがより密接になることで、顧客体験が顧客に選ばれるための重要な要素になることは間違いありません。この顧客体験については、2−6「D2Cのビジネスモデル　顧客体験を重視するコンシューマー」で触れます。

Z世代の台頭

くわえて、コンシューマーにおいて見逃してならないのが、Z世代と呼ばれる現在の10代後半から20代前半の世代です。このZ世代の特徴は、ほぼ全員スマホを持っており、テレビを視聴するよりもスマホでネットフリックスといった動画サイトを視聴する世代であり、その世代にあったマーケティング手法が問われます。

2-2 D2Cで変わるメーカーのビジネスモデル

これまで何度か触れたように、D2Cにおいても、メーカー、マーチャント、コンシューマー、それぞれのポジションがなくなることはありませんが、その役割そして組み合わせが変わります。そのなかで、メーカーのビジネスモデルについて見ていきます。

一般的なメーカーのビジネスモデル

メーカーの役割は、第1章で触れたように、何かしらの材料をもとに製品を生み出す役割です。ビジネスモデルという観点では、図2－2に示すように、たとえば、食品であるパンを製造する場合、以下の流れになります。

1. 小麦粉などの材料を1個あたり80円で仕入れます
2. 人件費など社内経費が1個あたり10円かかり、パンの原価は合計90円となります
3. このパンをマーチャントあるいは直接コンシューマーに100円で販売し、10円の利益を得ます

図2－2　メーカーのビジネスモデル

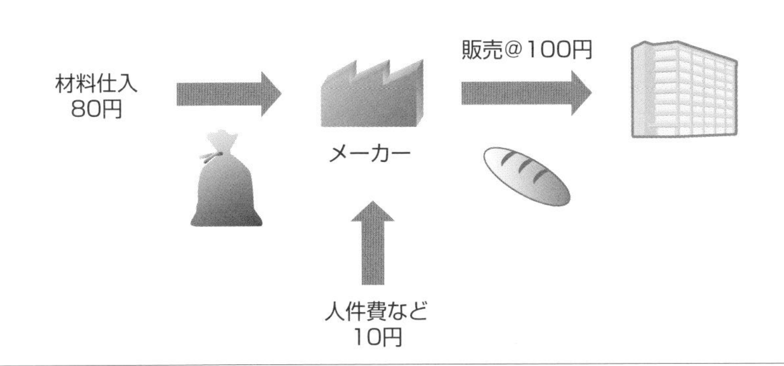

●メーカーの差別化　ブランドの確立

こうしたメーカーのビジネスモデルにおいて成功の可否を握るのが**ブランドの確立**です。ブランドの確立は、他社との差別化であり、筆者はこれを「世界に一つだけの花」戦略と呼んでいます。「世界に一つだけの花」は、かつてSMAPの代表的な歌謡曲で、どんな花でもそれぞれの価値があるという趣旨であり、そうした**オンリーワンが差別化**です。

●ブランドによる差別化戦略

このブランドの差別化について、パンの場合では、図2−3に示すようにいくつかの「差別化」が存在します。

- **ブランド①フランス本格パン**：フランスで修行を積んだ職人によるパン、ほかにない美味しさをセールスポイントに、原価90円に対して200円で販売
- **ブランド②自家酵母パン**：自家酵母によるパン、自家酵母によるほかにない美味しさをセールスポイントに、原価100円に対して200円で販売
- **ブランド③大規模製造**：大手パン製造企業では、大量に小麦粉を仕入れて、大規模にパンを製造、原価90円に対して95円で販売

図2−3　メーカーによる差別化

差別化ポイント：
・フランスで修行したパン作り→売価200円
・自家酵母を使用→売価180円
・大量生産で安く製造→売価95円

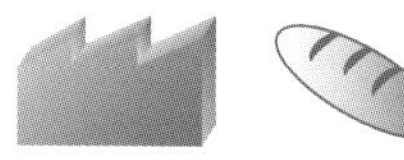
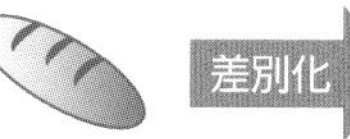

原価 90円

●D2Cによるメーカーのビジネスモデルの変化

もちろん、ブランド③のような大規模製造は、大規模な設備投資も必要となり、本書が対象としている読者であるこれからD2Cを手掛けたい方には、現実的とは

言えないでしょう。むしろ、コスト競争するほど規模は大きくないにしろ、マーチャント機能を導入してどう差別化するか、ここに**D2Cによるビジネスモデルの変化**があり、その変化が、**1.EC完結**、ならびに、**2.製造「情報」小売業**への転換です。

メーカーのビジネスモデルの変化①EC完結

図2−4に示すように、メーカーとマーチャントが分離（**フラグメント**）していると、顧客の需要にあわせた在庫管理など手間とコストがかかります。もちろん、こうしたやりとりを電子化することもありますが、やはり、コストがかかります。そして、メーカーとマーチャントを単純に一体化しただけでは、問題は解決しません、むしろ、重要なポイントは、「**EC完結**」にあり、図2−4に示す「シームレス」に相当します。

●EC完結のメリット

「ECはパソコン、スマホだけの世界じゃないの？」と思われるかもしれません、しかし、スマホがあればどこでも注文できます。具体的には、メーカーが自社のブランドを展示したショールーム型店舗を開設します。そのショールームには極端な話、「**会計レジ**」は必要ありません。そのショールームに訪問したコンシューマーは、スマホで注文すれば済みます。あるいは、店舗にタブレットを設置して、そこからEC経由で配達すれば商品を持ち帰る手間も省けます。

●EC完結により増えるメーカーの裁量

やはり、ポイントは、「EC完結」です。リアル店舗の注文管理、在庫管理、ECの注文管理、在庫管理をすべてECで完結すれば、在庫のコントロール、価格のコントロールなど「**メーカーの裁量**」が増えます。

もちろん、裁量が増えるゆえに、メーカーは単にモノを作っていればよい、という話ではなく、どうやったらコンシューマーに満足してもらえるものを作れるかといった**マーチャントの視点も必要**になります。そして、コンシューマーを起点にしてメーカーとマーチャントの一貫性こそが、ブランドの確立につながると言えそうです。

●「他の力」でEC完結を実現

　レバレッジという観点では、自社でECを構築する必要はありません、1−5「D2Cを理解するキーワード⑤ショピファイ」で触れたように、ショピファイなどのECプラットフォームという「他の力」を借りることで、**大規模な投資なくして、EC完結でどこでもモノを売ることができる**、やはり、ここにメーカーによるD2Cの新しさがありそうです。

図2−4　メーカーによるマーチャント機能①EC完結

メーカー　　　マーチャント

フラグメント
注文、在庫管理等
が断片的

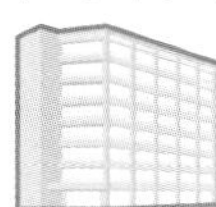

D2Cによるレバレッジ

シームレス
注文、在庫管理等
がすべてECで完結

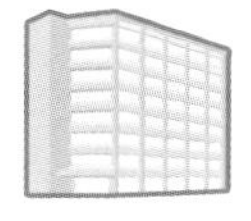

メーカーはマーチャントに依存しない販売が可能　例：音声注文、ショールーム

メーカーによるマーチャント機能②製造「情報」小売業へ

　こうしたEC完結は、小売業に大きな変化をもたらします。具体的には、図2−5に示すように、EC完結によって商流が変わります。

●従来の商流

　従来の商流では、メーカーが商品を製造して、その商品を店舗もしくは倉庫に卸します。これは、メーカーとマーチャントと一体化していても、もしくは、メーカーとマーチャントが分離していても同じ構造です。そして、店舗では店員が販売し、倉庫の在庫はEC経由でコンシューマーに配送します。

図2－5　EC完結による商流の変化

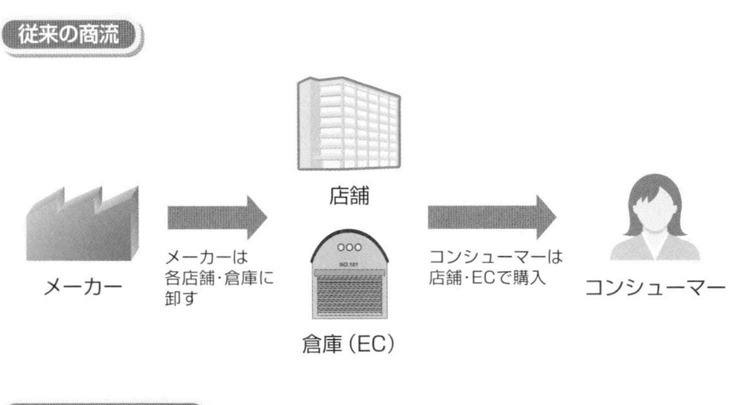

●EC完結による商流の変化

一方、図2－5下図のように、メーカーがすべての注文管理、顧客管理、在庫管理等をECで統合すれば、たとえ、店舗であっても、前述のように注文はすべてEC経由になります。このようにすべての注文がEC経由になると、当たり前ですが、メーカーがコンシューマーの注文動向を把握することができます。

●直接コンシューマーに向かい合う商流に

そして、メーカーがコンシューマーのニーズを把握し、そのニーズを満たすような商品を企画、製造、販売する。あるいは、在庫が抱えている商品については値引きセールをするといった、直接コンシューマーに向き合った商流になります。

製造小売業が製造「情報」小売業へ

直接コンシューマーに向かい合うこと、もちろん、コンシューマーはアパレル、食品といった物理的な「商品」を購入、消費することがメインですが、「インスタ映えするものが欲しい」、「この商品を友達に見せたい」といったニーズをかなえる商品を提供する、これはモノづくりよりも情報に近いかもしれません、そして、そうした情報を上手くキャッチして、製品の企画・製造・販売につなげる、こうした**製造「情報」小売業**にビジネスモデルが近づくと考えられます。

●柳井氏が指摘するアパレルの情報化時代

実際にユニクロの運営会社ファーストリテイリング会長兼社長の柳井正氏は、SPAビジネスが曲がり角に来ているかという質問に対して以下のように回答しています*。

「いいブランドなら売れるという時代は終わりました。もう情報化時代ですよ。まず国を越えて人の行き来が盛んになって業界の差もなくなった。我々は商品を企画して製造して販売する業種ですが、今度は情報を商品化するという新しい業種に変わらなくてはいけない。インターネットを見たら世界中の情報が入ってきて、しかもそれをAI（人工知能）で全部分析できる時代ですからね。その胴元が米アマゾン・ドット・コムとか米グーグルです。だから彼らはアパレル業界に入ってきますし、必ず次のメーンプレイヤーになる。近い将来、大きな競争相手になるでしょう。」

●D2Cによるメーカーのビジネスモデル

これまでD2Cによるメーカーについて触れました。やはり、D2Cは単にメーカーとマーチャントが融合するという話ではありません、むしろ、世の中のEC化が進み、かつ、コンシューマーもスマホでつねにネットにアクセスできる環境が当たり前になったことで、販売チャネルを**EC完結**することが可能になりました。そして、EC完結することで、直接、コンシューマーと向き合い、コンシューマーの情報をどう活用するか、**製造「情報」小売業**へシフトしつつあると言えます。

＊…回答しています　「誰がアパレルを殺すのか」（杉原淳一（著）、染原睦美（著）、日経BP、2017年5月）p117－118

2-3 D2Cで変わるマーチャントのビジネスモデル

D2Cは、これまでに触れたようにメーカーがデジタルテクノロジーを駆使して、直接、コンシューマーにアクセスするアプローチです。こうしたD2Cにおいて、もっともビジネスモデルの変革が求められるのがマーチャントと言えそうです。

変化が求められるマーチャントのビジネスモデル

まず、既存のマーチャントのビジネスモデルを図2−6に示します。マーチャントのビジネスモデルは、**メーカーとコンシューマーを「つなぐ」こと**にあります。図2−6のように、マーチャントは、メーカーから商品を仕入れ、仕入れた商品をコンシューマーに販売します。ただし、コンシューマーから「選ばれる」ためには、**1.立地**、ならびに、**2.目利き力**が必要となります。

図2−6　マーチャントのビジネスモデル

現状のマーチャントのビジネスモデル

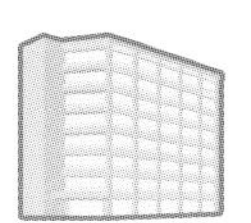

マーチャントの強み①立地

マーチャントとくに実店舗での重要な機能は「**集客と認知**」にあります。第1章では、ショピファイがマルチチャネルECプラットフォームとしてSNSを通じた「集客」あるいはインフルエンサーによる「集客」について触れましたが、マーチャントにとっての「集客」は**立地**によるところが大きいと言えます。

●立地はコンシューマーへの認知に貢献

たとえば、銀座や新宿にマーチャントである百貨店を構えるのは、観光で銀座を訪れたついでに百貨店に立ち寄る、あるいは、通勤の乗り換えついでに、新宿のデパ地下でお惣菜を購入するなど、これは交通の便が良いといった立地によるものです。もちろん、2020年からのコロナ禍において、そもそも通勤等移動をしないという事態も起こりうるので、立地＝集客とは必ずしも言い切れませんが、どの場所に立てるかという立地は重要な要素であり、この百貨店のスペースの一部を貸与する、これは百貨店のビジネスモデルの一つです。

●立地だけで儲かるわけではない

とはいうものの、立地が良ければ、人が集まるという単純な話ではありません。とくに、2020年3月のコロナ禍以降、外出することがリスクにもなっています。くわえて、ワークスタイルの多様化にともない、リモートワークも増えてきました。リモートワークであれば、基本、オフィスまで通勤する必要がなく、通勤の乗り換えついでに寄るというニーズも減りそうです。もちろん、全員がリモートワークになるわけではないのですが、立地が良いから人が集まる・儲かるという単純な構造ではなくいかに立地を利用するかが重要です。

マーチャントの強み②目利き力

マーチャントのもう一つの強みが目利き力です。マーチャントでは、購買担当（マーチャンダイザー）がメーカーの商品を仕入れて、百貨店で販売します。もちろん、購買担当はやみくもに仕入れても売れるわけではありません。やはり、コンシューマーが求めているもの、これから流行になりそうなものを仕入れて、販売する、これは目利き力であり、言い換えれば、**編集・プロデューサーの役割**です。

●コンシューマーとマーチャントとの情報の非対称性

近年、とくにアパレル分野において、百貨店などのマーチャントの勢いが低下しているのは、この目利きにありそうです。というのは、ネットが一般的でなかった時代は、バイヤーが珍しい素材、無名のデザイナーを見つけて、そうした素材、デザインを仕入れて、販売するという手法でした。コンシューマーもこうした取り組みを受け入れ、売上も上昇、マーチャントがまさにプロデューサーの役割を果たしていました。これは、マーチャント側に情報が集まり、コンシューマーには限られた情報しかない、この情報量の違いを**情報の非対称性**と呼びます。

●情報の非対称性がなくなった今のマーチャントの役割

しかし、ネットが当たり前になった現在、コンシューマーが入手できる情報とマーチャントが入手できる情報、それほど大差はありません。海外で流行しているアパレルを入手したいのであれば、5−5「パーソナルショッパーをつなぐマーケットプレイス　BUYMA」で触れるような海外の商品を輸入するECサイトもあります。したがって、コンシューマーに海外輸入などたくさんの選択肢が増える中で、コンシューマーの先をいくプロデューサー役割をマーチャントには求められているとも言えます。

強みを生かすD2C時代のマーチャントのビジネスモデル

こうしたマーチャントのビジネスモデルを概観すると、その強み、あるいは、競争力は、1.立地、ならびに、2.商品の目利き力にありそうです。そして、この強みは、ネットが普及し、D2C時代になろうとも競争力になると言えます。具体的には、以下が考えられます。

1.立地を活かす「クリック&モルタル」モデル

●マーチャントの立地を活かすビジネスモデル

コロナ禍もあり、現状では立地が良いから人が集まるとは言えないところがあります。ただ、永遠にリモートで生活しているわけではなく、コロナ禍の終焉とともに、立地は長い目でみて、マーチャントにとって重要な要素と考えます。そして、ECでの利用料を払うように、立地に利用料を払う、このモデルは大きくは変わらないと考えられます。

●実際のモノにさわりたいニーズ

そして、言うまでまく、百貨店·ショッピングモールとECモールの最大の違いは、リアルとネットです。もちろん、ネットの方が、24時間利用できる、来店する必要がないといったメリットがあります。やはり、「**実際のモノにさわれない**」というデメリットもあります。

普段、定期的に購入している水、米、洗剤といった日用品であれば、リアルだろうがネットだろうがそれほど変わりません。しかしながら、スーツ、時計、メガネといった単価が高い製品、あるいは、価格の高い家電、携帯電話など、「**一度、実物に触ってみたい**」と思うのが一般的であり、こうした実物に触れる「場所」を提供します。

●ワービー・パーカー社のショールーム

実際に、米国では、オンライン・ウェブ注文で完結しているメーカーが「一度、実物に触ってみる」ショールームを開設しています。D2Cの代表企業ともいえる米国のメガネ製造を手掛けるWarby Parker（ワービー・パーカー社）は、自社でメガネ·サングラスを製造、ウェブで販売するモデルで、その特徴は「Home-Try-On program」（ホーム·トライ·オン·プログラム）と呼ばれるもので、コンシューマーは5つのフレームを家で受取り、5日の間自由に交換できるサービスです（図2−7）。

図2−7 ワービー・パーカー社のHome-Try-On program

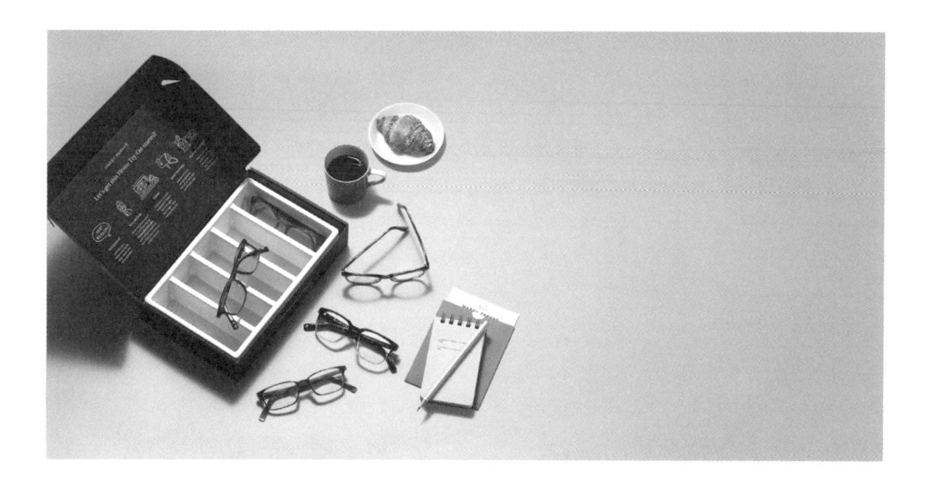

●クリック&モルタル

このワービー・パーカー社は、2013年、自社のブランド認知、オンラインでできない視力診断などの目的のため2013年にリアル店舗をオープン、現在では、米国・カナダを中心に120店舗以上を展開しています。こうしたリアル店舗は、とくに欧米では、レンガ（ブリック）とモルタルから構成されることから「ブリック&モルタル」と呼びますが。そして、そこからネットでの「クリック」とリアル店舗を融合したスタイルを「**クリック&モルタル**」と称しています。「立地」という点からこうしたクリック&モルタルが成立しやすいビジネスモデルと言えます。なお、ワービー・パーカー社については、4−2「ワービー・パーカー　メガネのD2Cブランド」でも詳しく取り上げます。

●クリック・モルタルとマーチャントのビジネスモデル

このクリック&モルタルとマーチャントとの関係を図2−8に示します。まず、クリック&モルタルの主体はおもにメーカーです。メーカーが自社で企画・製造した商品について、体験をコンシューマーに届けたい、実際に触れて触ってもらいたい、アパレルであれば服がフィットするように試着してもらいたい、こうした動機でメーカーは、ショールームとなる実店舗を構えます。

●D2Cメーカーのビジネスモデルの親和性のあるクリック&モルタル

これは、前述のメーカーのビジネスモデルにおけるEC完結と親和性があります。すなわち、物理的なショールームを構えて、たとえば、スーツであれば、コンシューマーにあわせてフィッティングして、その場で、コンシューマーが決済すれば、いわゆる、会計レジは必要ありません、くわえて、コンシューマーの体型、サイズ、ニーズもあわせて把握することも可能になります。

図2-8 クリック&モルタルのビジネスモデル

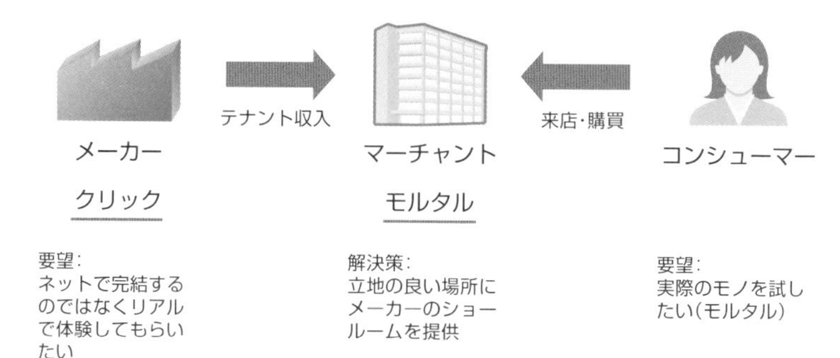

●マーチャントとクリック&モルタル

一方で、マーチャントの視点からクリック&モルタルのビジネスモデルは売り場の一部を貸し出す、いわゆる、テナントであり、毎月、メーカーからテナント料を受け取ります。メーカーがショールームを出店するポイントの一つは、やはり、立地でしょう。もちろん、地図アプリで検索して、店舗に訪問するという方法もありますが、買い物のついでなどちょっとしたスキマ時間に立ち寄れた方が利便性は増します。したがって、このクリック&モルタルの仕組みは、メーカーにとって、賃貸料を払う必要はありますが、認知を増やす場につながるというメリット、マーチャントにとっては、テナント料を受け取るという、お互いにとってメリットがある方式と言えそうです。

2.商品の目利き力を生かすSPAモデル

二つ目のビジネスモデルは、目利き力です。前章でも触れたように、マーチャントの強みは、直接、コンシューマー(顧客)と接していることであり、顧客のニーズを把握できる立場にあります。それを利用するのが、いわゆる、前章で触れたユニクロのSPAモデルです。

●マーチャントのビジネスモデル　プライベートブランド

ユニクロの場合、企画・生産・販売、すべてにわたって自社で垂直統合していました、マーチャントでは、やはり、経営リソース（ヒト、モノ、カネ）の制約もあり、自社でSPAを実現するのは楽ではないでしょう。そうしたなかで、食品で多く導入されているのが、プライベートブランドです。

プライベートブランドは、図2－9のように、商社にとっては自社ブランドで売り出します。わかりやすい例は、コンビニでしょう。コンビニでは、セブンイレブン、ローソン、ファミリーマート、自社のパッケージで総菜、食品等が販売されています。もちろん、これは自社で生産しているのではなく、コンシューマーの好みに合いそうな総菜、食品をマーチャントが企画し、メーカーに製造委託します。

図2－9　プライベートブランド

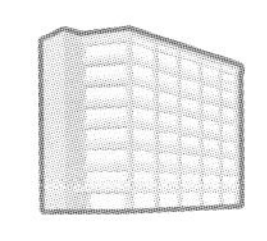

●D2Cはメーカーだけのものではない

一般的に、D2Cはメーカーがマーチャントの機能を持つ流れと定義されますが、メーカーだけがD2Cができるという話ではありません。図2－10のように、①メーカー主導D2Cと②マーチャント主導D2Cの2つのパターンが考えられます。

①**メーカー主導D2C**：2－2「D2Cで変わるメーカーのビジネスモデル」で触れたように、メーカーとマーチャントが一体化するD2Cです。前述のように、ただ一体化すればよいのではなく、EC完結といったチャネルの統合、製造「情報」小売業といった情報をコアとしたモデルです。

②**マーチャント主導D2C**：本節のマーチャントによるD2Cビジネスモデルで、主役はマーチャントです。マーチャントの強みである「目利き力」を利用し、コンシューマーのニーズに合うような商品をマーチャントが企画し、メーカーに製造を依頼し、マーチャントが販売するモデルです。

図2－10 メーカーによるD2CとマーチャントによるD2C

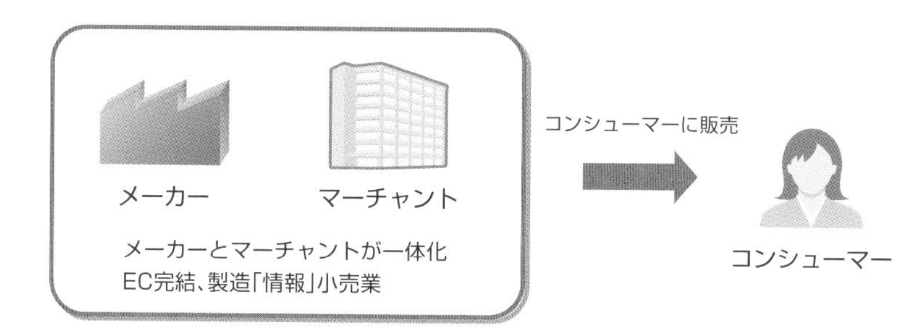

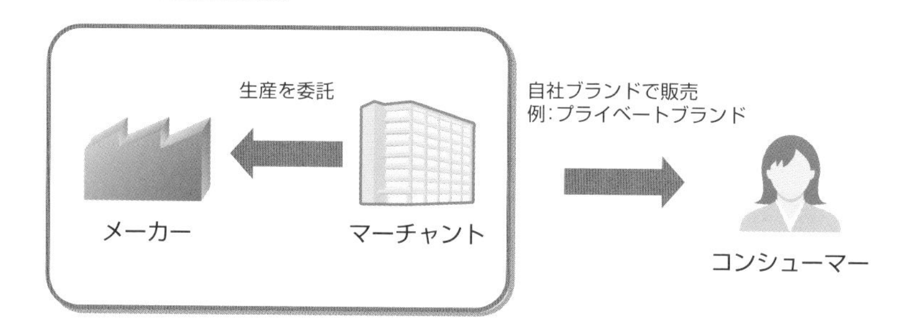

①メーカー主導D2Cならびに②マーチャント主導D2C、どちらのモデルが優れているという話ではありません。むしろ、いずれも共通しているのが、コンシューマーと直接向き合うこと、エンドユーザーであるコンシューマーのニーズを把握し、そのニーズを満たす商品を企画・製造・販売する、その主体がメーカーかマーチャントによってそれぞれのモデルが両立しうると言えます。

2-4 新しいマーチャント　ショピファイのビジネスモデル（1）

前節では、従来のマーチャントのビジネスモデルについて触れました。そして、これまでのマーチャントとは違った新しいプレイヤーも登場しています。それが第1章でも触れたショピファイです。このショピファイについて、顧客セグメントならびに競合について見ていきます。

ショピファイの顧客セグメント

「**企業の目的は顧客の創造である**」、これは経営学者ピーター・ドラッカーの名言です。この言を俟つまでもなく、企業にとって顧客の獲得はビジネスの中核であることは間違いなく、ビジネスモデルという点でも誰に対して価値を提供するのか、この顧客セグメントの定義が欠かせません。

ショピファイについても顧客セグメントがあり、図2－11にショピファイの顧客セグメントを示します。ショピファイは前述のように**マルチチャネルECプラットフォーム**、言ってみれば、ネット上の店舗を提供するサービスです。そして、その店舗を借りる顧客のセグメントは、規模に応じて1.**スタートアップ**、2.**中小店舗**、3.**ブランド企業**に分類することができます。

くわえて、ショピファイでは、こうした企業の規模に応じて、料金プラン（ベーシック、ショピファイ、ショピファイプラス）、そして、企業の規模での顧客獲得方法について定義しています。

図2－11 ショピファイの顧客セグメント

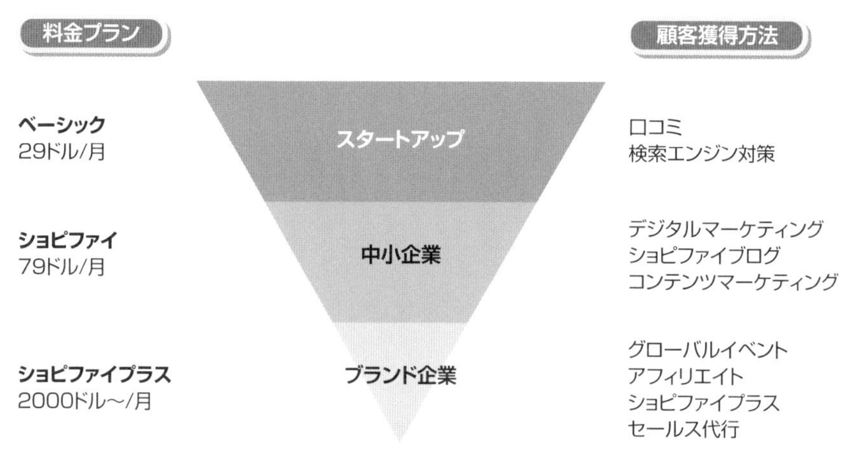

出所：ショピファイ IR資料より

・**スタートアップ**：いわゆる、ビジネスを始めたばかりの顧客であり、規模も小さく、口コミ、ターゲット広告等で顧客を獲得します。こうした顧客層に対してショピファイは月29ドルで一通りの機能が利用できるベーシックプランを提供しています。

・**中小企業**：スタートアップが常に続くというわけではありません、顧客を獲得して、ビジネスの仕組みができあがっているのが中小企業セグメントです。告知は、様々な媒体で自社の製品を告知するコンテンツマーケティング、デジタルマーケティング、ブログ等で告知します。こうした顧客に対してショピファイはベーシックからスタッフ利用人数などを増やしたショピファイプラン（月79ドル）を提供します。

・**ブランド企業**：D2Cのメリットは直接顧客に商品・サービスを届けることにあり、それは、ある意味、「ブランド」の構築とも言えます。この「ブランド」とは、たとえば、ランニングシューズを買うのではなく、ナイキのランニングシューズを買う、といった具合であり、グローバルでのイベント、アフィリエイト（インフルエンサーマーケティング）、あるいは、ショピファイが個別にブランド企業に対応し、価格もショピファイプラスとして個別価格となっています。こうしたショピファイを利用しているブランド企業は、飲料メーカーのネスレ、フィットネスアクセサリーのジムシャークなど7100社に上り、同社の流通総額の大部分がこのブランド企業によるものです。

●顧客のDXを推進するショピファイ

ショピファイの顧客セグメントという観点から見れば、D2Cのビジネスモデルも見えてきます。D2Cという点で最も効果があるのは、**3.ブランド企業**です。上述の、ネスレ、ジムシャークといったメーカーは、通常、マーチャント（卸·問屋·小売店舗）経由で製品を販売するモデルです。

●メーカーと顧客をつなげるEC基盤

一方、ショピファイが提供するのはあくまでECプラットフォーム（基盤）であり、実際の運営はメーカーです。直接、メーカーが店舗を運用するという手間はかかりますが、マーチャントを経由することなく、直接、コンシューマーと接することができるメリットがあります。こうした意味で、ショピファイは、メーカーと顧客をデジタル（EC+SNS）でつなぐ、いわば、**デジタルトランスフォーメーション（DX）という役割を担っている**とも言えそうです。

2-5 新しいマーチャント ショピファイのビジネスモデル（2）

次にショピファイのポジショニングについて見ていきます。

アマゾンとショピファイの共通点は？

まず、ショピファイについ触れるとき、必ずといっていいほど登場するのがECの巨人であるアマゾンです。アマゾンは、単にECの枠にとらわれず、クラウドサービス（AWS：アマゾンウェブサービス）など、多角的に事業を展開しています。図2−12にショピファイとアマゾンのポジショニングを示します。

図2−12 ショピファイのポジショニング

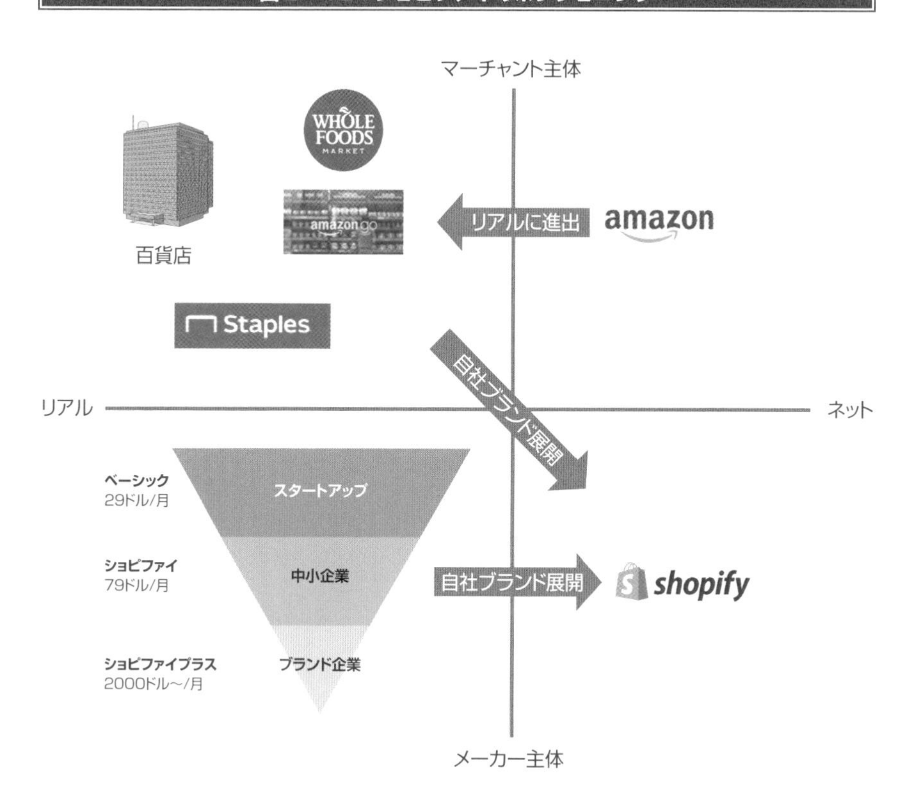

横軸は、**ネット（EC）**と**リアル（実店舗）**、縦軸は、運営主体であり上が**マーチャント（販売）**、下が**メーカー（製造）**です。まず、アマゾンとショピファイの比較では、いずれも主戦場はネット（EC）であるという点では共通です。あわせて、ECの対象となる顧客は全世界（グローバル）という点も同じです。グローバルに展開するメリットは、**スケール（規模性）**です。もちろん、米国であれば英語、日本であれば日本語、ドイツであればドイツ語など、各国によって言語のちがいはあります。ただし、言語は違うものの、注文管理、顧客管理といったECの機能であるEC基盤は共通です。したがって、EC基盤を共通にして、言語等を変更すれば、全世界への展開が可能となります。

アマゾンとショピファイの違いは？

異なる点は、プラットフォームとしての「**立ち位置（ポジショニング）**」です。アマゾンにおいて、メーカー・マーチャントは、アマゾンに商品を卸し、アマゾンが販売、基本はアマゾンが「**主役**」です。一方、ショピファイの場合、原則としてショピファイはマルチチャネルECプラットフォームを提供するだけで、表に出ることはありません。表は、各ブランドの商品などであり、注文、在庫、SNS連携といった「**裏方**」の機能をショピファイは提供します。

●立ち位置の違いによるビジネスモデルの違い

ECプラットフォームの「主役」であるアマゾン、「裏方」である、その財務情報の比較を図2－13に示します。まず、圧倒的に差があるのが、売上高です。アマゾンは年間売上高29.3兆円に対して、ショピファイは1649億円あまりと200倍近く差があります。

●アマゾンの仕入れモデルとショピファイのテナントモデル

これは、アマゾンの場合、基本はメーカーから仕入れて、販売するいわゆる**マーチャントのビジネスモデル**のため必然的に売上は増えます。くわえてEC以外にもクラウドサービスのAWSなどEC以外の売上が多く含まれている一方、ショピファイの場合、多くはマルチチャネルECプラットフォーム利用料、すなわち、**テナント料**によるものであり、その差は歴然です。

図2－13　アマゾンとショピファイの比較

		アマゾン	ショピファイ
売上高	(千ドル)	280,522,000	1,578,173
	(百万円)	29,314,549	164,919
EBIT	(千ドル)	15,576,000	-141,147
	(百万円)	1,627,692	-14,750
総資産	(千ドル)	225,248,000	3,489,479
	(百万円)	23,538,416	364,651
GMV(流通取引金額)	(千ドル)	335,000,000	61,100,000
	(百万円)	35,007,500	6,384,950
時価総額	(千ドル)	1,480,083,839	97,929,218
	(百万円)	154,668,761	10,233,603

円は1ドル104.5円として換算
アマゾン、ショピファイともに売上高、EBIT、純資産、GMVは2019年12月期の実績

●アマゾンとショピファイの流通総額と時価総額

一方、GMV（流通取引金額）については、アマゾンが年額35兆円、ショピファイが6兆円と売上高に比べて差が縮小されています。実際に図2－14に示すように米国の小売ECマーケットシェアにおいても、アマゾンの37.3%に対してショピファイは5.9%とGMV（アマゾンはショピファイの5.48倍）と6倍程度の差にとどまっています。

図2－14　米国の小売ECマーケットシェア

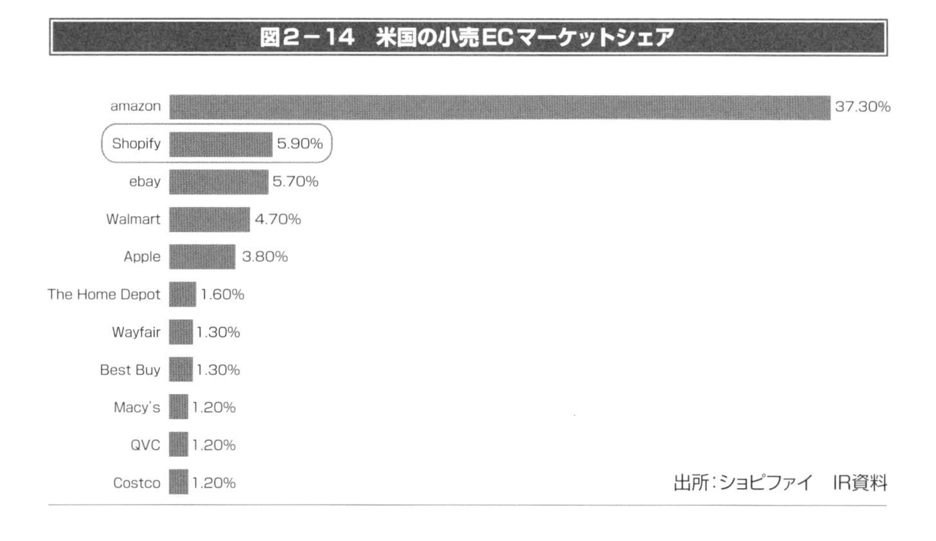

出所：ショピファイ　IR資料

アマゾンとショピファイの売上の圧倒的な差に対して、GMV、さらには、時価総額（アマゾン154兆円、ショピファイ10兆円）においては差が縮まっている、これをどう解釈すべきか、いくつかポイントがあります。

●アマゾンとの差が縮まりつつあるショピファイ

まず、ECという点では、アマゾンとショピファイの差は縮まりつつあります。実際に、ショピファイの2020年第2四半期（2020年4～6月）の売上高は前年同期比＋97％の7.14億ドル、アマゾンの北米売上高は同＋43％の554億ドル。前述のようにビジネスモデルに違いがあるので売上高に差はありますが、ショピファイは大きく伸長しており、ECに関してその差は縮まっていくと考えられます。ショピファイが**次のアマゾン**と呼ばれるのはこうした急速な成長にあると言えそうです。

●経営の多角化ではアマゾンに軍配

経営の多角化という点では、アマゾンの方が一枚上と言えそうです。ショピファイの場合、提供するサービスはマルチチャネルECプラットフォームであり、レストランでいえば、うどん、そばといった単品商売と同じです。アマゾンの場合、ECにくわえて、クラウドサービスなど多角化しており、収益の多角化が進んでいると言えます。

したがって、ショピファイの次の一手は、ECプラットフォームの周辺事業をどこまで拡大するかにあります。たとえば、同社は2019年、米国で倉庫ロボット技術を得意とする6 RIVER SYSTEMS（シックスリバーシステムズ）を買収しました。ショピファイは、主に米国向けの出店企業に対して配送作業やカスタマーサービスを支援するショピファイ・フルフィルメント・ネットワークを立ち上げており、この買収によって倉庫内の配送を強化する意図が読み取れます。

2-6 D2Cのビジネスモデル　顧客体験を重視するコンシューマー

メーカー、マーチャント、それぞれのビジネスモデルについて概観してきました、最後に、コンシューマーについて触れます。ただ、コンシューマーのビジネスモデルといっても、コンシューマーは何かビジネスをしているわけではないので、むしろ、D2Cによるコンシューマー（顧客）の変化とも言えます。

D2Cより求められる顧客体験とは？

D2Cによって、コンシューマーがどう変わるか、一言でいえば、「**リアルでもネットでも心地良い体験を求める**」ことです。そして、この体験をキーワードで表すと**顧客体験**（CX：Customer Experience）です。顧客体験とは、その名の通り、顧客の体験であり、顧客はある商品・サービスにおいて様々な体験をします。たとえば、図2－15に示すようなレストランAとレストランBの2つのレストランがあり、価格も味も同じとします。

図2－15　レストランの顧客体験

	入店時	料理のサーブ	会計時	カスタマーエクスペリエンス
レストランA	フレンドリーに対応 混雑時も効率的に席に誘導	タイミングよくすべての料理がサーブ	接客係の連携がとれており、会計がスムーズ	良い
レストランB	店員が不愛想 混雑時も誘導が遅い	出すタイミングにムラがある	接客係の連携が取れてとらず、時間がかかる	悪い

●レストランの顧客体験

レストランAの場合、入店時は、フレンドリーに対応して、昼の混雑時にも接客係がテキパキと対応して効率的に席に誘導、料理のサーブもタイミングよくサーブし、待ち時間も最小限、そして、最後の会計時も接客係の連携がとれており、スムーズに会計できます。

一方、レストランBの場合、店員が不愛想で、混雑時の誘導も遅く、料理のサーブも無駄な動きが多く、タイミングに村があります。会計時も接客係の連携がとれておらず、会計するまでも待たされます。

●顧客体験とカスタマージャーニー

レストランA、レストランB、やや極端な話ではあるものの、どちらを選ぶといえば、やはり、レストランAでしょう。これは、そのレストランでの「**顧客としての体験**」すなわち**顧客体験**の違いによるものです。

●オンラインでもオフラインでも共通な顧客体験

この顧客体験はレストランの例ですが、他にもいろいろ思い当たるのではないでしょうか。たとえば、「このECサイトで服を購入してサイズが合わなかったけど、連絡したら丁寧にスグ交換してくれたので、また、利用した」などの質の高い顧客体験の一つでしょう。

顧客体験とカスタマージャーニー

この顧客体験、言ってみれば、モノを購入した段階で終わりなのではなく、モノに興味を持ち始めてから、比較検討、購入さらには、次の購入・リピートまで顧客との終わることのない旅（ジャーニー）であることから、**カスタマージャーニー**とも呼ばれます。

図2－16にカスタマージャーニーを示しています。まず、見込顧客は何かしらの動機があります。たとえば、この場合であれば、スーツを購入したいという動機です。そうした動機において、まず、「この店、このサイトでスーツを販売している」という認知・興味をメーカー・マーチャントは顧客に提供します。それは、オフラインであれば新聞·雑誌といったメディア広告、オンラインであればSNS、ウェブ広告に相当するでしょう。

図2－16 カスタマージャーニー

認知・興味 → 情報収集 → 購入検討 → 購入 → リピート

動機	スーツの購入	情報収集	購入検討	購入	新たな購入
オフライン	メディア広告	新聞・雑誌	店舗で試着	店舗で決済	店員からの連絡
オンライン	SNS ウェブ広告	Webサイト	口コミ レビュー	オンライン決済	メール・キャンペーンなど

●オンライン・オフラインのカスタマージャーニー

そして、見込顧客は、あるブランドを認知したら情報収集をします。オフラインであれば新聞・雑誌経由、オンラインであればそのブランドのウェブサイトがあります。そして、次にそのブランドがよさそうと見込顧客が感じたら、購入検討として、オフラインであれば店舗で試着、オンラインであれば口コミやレビューを参考にして、実際に購入します。そして、購入後も、オフラインであれば店員からDMなどのセールの連絡、オンラインであればメールキャンペーンで次のリピートを促し、顧客体験をさらに上げます。

●D2Cによる顧客体験・カスタマージャーニー

上述の顧客体験、カスタマージャーニーは今に始まった話ではありません。しかし、大事なポイントは、この**顧客体験・カスタマージャーニーは人によって異なる**ことです。たとえば、小売店で服を物色しているところで、店員から声をかけられた際、「ちょうど聞きたかったところでありがたい」という場合もあるでしょうし、「一人でゆっくり見たいところで迷惑だ」という場合もあるでしょう。やはり、「体験」である以上、どこまでもその体験は人それぞれです。したがって、顧客体験を高めるためには、「その人にあった体験」を提供することがカギであり、デジタルの得意分野でもあります。というのは、たとえば、店員が顧客を接客する場合、すべての顧客を頭に記憶するのは楽ではありません。一方、デジタルの場合、こうした記憶は得意分野であり、メーカー・マーチャントが直接、こうした顧客体験を上げること、これがD2Cにおけるコンシューマーとの関係において重要な役割と言えます。

2-7 D2Cのビジネスモデル　Z世代コンシューマー世代の変化

顧客体験は、どのコンシューマーにおいても共通するニーズではあります。一方で、世代によって異なる点もあります。それがZ世代です。

Z世代とは？

D2Cについて触れる中で、Z世代を避けて通ることはできないでしょう。Z世代とは、ジェネレーションZとも呼ばれ、図2−17に示すように、主に1995年から2005年生まれの世代で、2021年現在で16 ～ 26歳の世代です。

図2−17　日本の世代推移

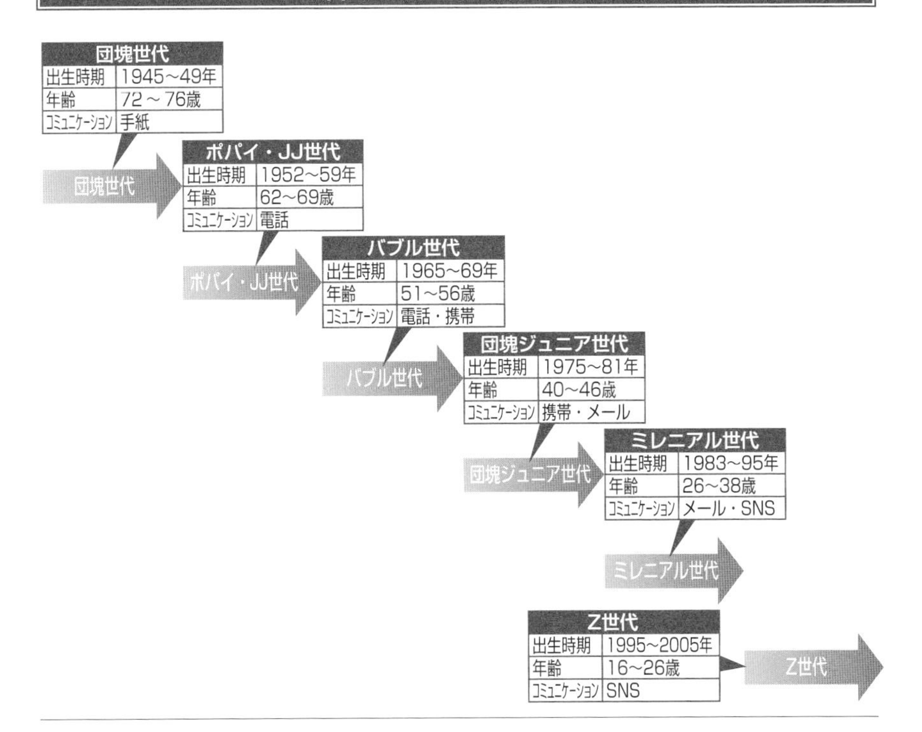

●今後、消費の中心になるZ世代

図2－18に示すように、Z世代（20～30歳）の当該人口は1266万人、人口構成比では10％と団塊世代（構成比12.8％）、団塊ジュニア世代（構成比14.54％）と比べるとその割合は低いですが、数年先には消費の中心となること、新しい流行はこうした若い世代から生まれるといったことから無視できない存在です。日本では高齢化が進んでいますが、米国あるいは中国アジア諸国では、Z世代・ミレニアル世代が消費の半分近くを占めており、消費動向に大きな影響を与えています。

図2－18　日本の人口構成比（令和2年11月）

総人口	年代（10歳）	人数（千人）	構成比
団塊世代	70～79歳	16,208	12.88%
ポパイＪＪ世代	60～69歳	15,825	12.57%
バブル世代	50～59歳	16,436	13.06%
団塊ジュニア時代	40～49歳	18,297	14.54%
ミレニアル世代	30～39歳	14,091	11.20%
Ｚ世代	20～30歳	12,665	10.06%
全合計		125,858	

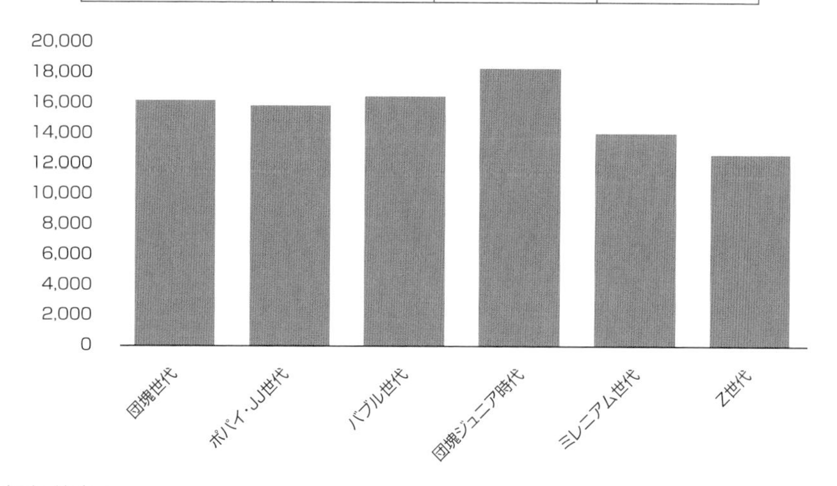

出所：統計局

●Z世代はソーシャルネイティブ世代

Z世代の特徴は、早い段階からソーシャルメディアに親しみ、ソーシャルメディアが日常生活の一部となっている**ソーシャルネイティブ**であることです。ソーシャルネイティブの基盤はやはりスマホです。両親からスマホを与えられるのが高校生あたりで、図2－19に示すように高校生でのスマホ所有率は99.2%と一気に所有率が跳ね上がります。

図2－19 携帯電話・スマホの所有率

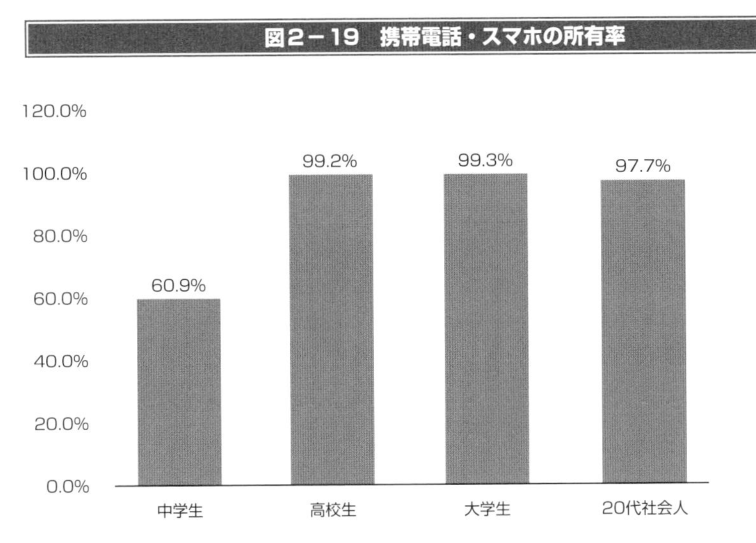

出所：「Z世代　わかものはなぜインスタ・TikTokにハマるのか？」（原田曜平（著）、光文社新書、2020年11月）p147

●ユーチューブがテレビ利用を上回る

ここまでスマホ利用率が高いので、コミュニケーションはほぼスマホで、SNSでいえば、ツイッター、インスタグラム、TikTok、とくに、ツイッターでは複数のアカウントを所持し、場合によって使い分けます。動画アプリではネットフリックス、アマゾンプライムビデオ、ABEMA、ユーチューブで、とくに、ユーチューブについては、高校生女子、大学生男子ではユーチューブ利用率がテレビ利用率を上回るという調査結果もあります（同書　p176）。

●テレビによる訴求効果が薄まる

たしかに、最近のテレビでは、健康番組が多く、あるいは、CMでは健康食品など健康を気にする団塊世代向けの内容が多いように筆者は感じます。Z世代でもテレビの再放送アプリTVer（ティーバー）が広く利用されていることもあり、完全なテレビ離れが起きているわけではないですが、テレビによる認知、訴求効果がZ世代には薄まっているのは事実でしょう。

●資生堂の媒体費のデジタルシフト

これはメディアのスポンサーである広告主もテレビからデジタルへのシフトを進めています。化粧品大手の資生堂は、2020年8月の同社第2四半期決算説明会にて、媒体費に占めるデジタル比率を2019年の50%から2023年には90～100%にまで引き上げることを発表しました*。

●広告主もマスコミ4媒体への広告費を削減

資生堂をはじめとした化粧品・トイレタリー業界は、大規模な広告費を投入しており、図2－20に示す電通による2019年　日本の広告費によれば、マスコミ4媒体と呼ばれる新聞、雑誌、ラジオ、テレビの広告費のうち、化粧品・トイレタリー業界に占める割合は、9.7%、情報・通信（10.7%）、食品（10.3%）に次ぐ規模です。その筆頭である資生堂がデジタル化を加速させると、急速に化粧品・トイレタリーのマスコミ4媒体広告費は減少しそうです。

＊…発表しました　https://corp.shiseido.com/jp/ir/pdf/ir20200806_717.pdf p41より

図2－20　マスコミ４媒体　上位５業種推移

	広告費（千万円）			構成比（%）		
	2017年	2018年	2019年	2017年	2018年	2019年
情報・通信	28,891	28,491	26,563	10.9	11.1	10.7
食品	27,744	25,449	25,505	10.4	9.9	10.3
化粧品・トイレタリー	27,291	26,279	24,029	10.2	10.2	9.7
交通・レジャー	20,116	19,469	19,214	7.6	7.6	7.7
飲料・嗜好品	18,497	17,453	16,771	6.9	6.8	6.7
流通・小売業	16,361	16,157	15,969	6.1	6.3	6.4
合計	266,380	257,510	248,270	100	100	100

出所：https://www.dentsu.co.jp/knowledge/ad_cost/2019/business.html

●D2CとZ世代

D2Cという観点では、やはり、Z世代の行動パターンとはマッチしやすいと言えます。とくに、1－4「D2Cを理解するキーワード④レバレッジ」で触れたように、インフルエンサーという「他の力」を借りて認知するインフルエンサーマーケティングとソーシャルネイティブのZ世代とは親和性が高く、それにともなって、前述の資生堂のようにマスコミ4媒体の広告出稿をソーシャルメディアなどのデジタルにシフト、こうしたデジタルへのシフトがZ世代によってさらに加速していると言えます。

第2章まとめ

第2章では、D2Cで変わるビジネスモデルとして、コマースの3つのプレイヤーであるメーカー、マーチャント、コンシューマー、それぞれについてビジネスモデルの変化について触れました。

●2−1　D2Cで変わるコマースのビジネスモデル

コマースのプレイヤーはメーカー、マーチャント、そして、コンシューマーです。そして、D2Cによってメーカーはコンシューマーとの接点が広がり、マーチャントは自社がメーカーになるなど大きく変化します。

●2−2　D2Cで変わるメーカーのビジネスモデル

メーカーとマーチャントが統合しただけでは従来のやり方と同じです。むしろ、EC完結で販売チャネルを統合し、顧客と向き合い、顧客の情報を活用する製造「情報」小売業へビジネスモデルが進化しつつあります。

●2−3　D2Cで変わるマーチャントのビジネスモデル

メーカーがマーチャント機能を持つ際、変わらざるをえないのがマーチャントです。具体的なビジネスモデルとして、立地を活かしてショールームを提供するクリック&モルタル、そして、目利き力を活かしたプライベートブランドがあります。

●2−4　新しいマーチャント　ショピファイのビジネスモデル（1）

ショピファイのビジネスモデルにおいてポイントとなるのが顧客セグメントであり、一つのプラットフォームでスタートアップから大規模ブランドまで対応、顧客も成長にあわせてステップアップすることができます。

●2-5　新しいマーチャント　ショピファイのビジネスモデル（2）

ショピファイとアマゾンとの比較では、アマゾンが仕入れ販売、他のビジネスを手掛けている一方でショピファイはプラットフォーム手数料だけなので売上高は圧倒的に差がありますが、流通総額では差が縮まりつつあり、アマゾンにとってショピファイは大きな脅威となっています。

●2-6　D2Cのビジネスモデル　コンシューマーのビジネスモデル

コンシューマーにおいて商品を選ぶ基準として重要なのが顧客体験です。とくに、D2Cの場合、メーカーとコンシューマーとの接点が増えるので、より顧客体験が重要になります。

●2-7　D2Cのビジネスモデル　Z世代　コンシューマー世代の変化

今後、消費の中心となるのが1997年以降に誕生したZ世代です。ソーシャルメディアが生活の一部であるソーシャルネイティブ世代であり、その世代にアピールしたい広告主もそれにあわせてデジタル出稿にシフトしつつあります。

オンラインとオフラインの刺激

本章では、D2Cで変わるメーカー、マーチャント、コンシューマーのビジネスモデルについて触れました。ショピファイのようなマルチチャネルECプラットフォームの発展、くわえて、2020年4月から続くコロナ禍により実際の小売店舗での購入より、オンラインECサイトでの購入が一般的になったこともあり、ますます、オンラインがコマースの主役になりつつあります。

もちろん、ステイホームのような状況では、実際の店舗で購入するより、ネットで購入すべきですし、これだけネットが普及した現在、もはやネットなしのコマースは考えられません。しかし、すべてがオンラインかといえば、そうでもないように思います。

たとえば、オフラインとオンラインとの違いの一つは「刺激」にあると思っています。たとえば、オンラインの場合、検索などで特定の商品を探すことは得意です。あるいは、これまで購入したなかから、似たような商品をリコメンドすることも得意です。ただ、筆者が思うに、こうした検索・リコメンドによって、本当に私たちの生活は豊かになるのでしょうか？

一方、オフラインでは、当たり前のことながら、検索も不得意ですし、リコメンドもしてくれません。ただ、偶然の「刺激」はあります。たとえば、電車に乗っていて、吊り革広告から、自分の知らないものに出会うこともあります。最近はリアル書店も減りましたが、書店に行って、実際の本に触れることで、新たな気づきを得る。あるいは、テレワークではなく、実際に会社に通勤して、同僚と他愛のない会話をするなかで、新しい着想を得るなど、オフラインにはオンラインにはない「予期せぬ邂逅＝刺激」があるように思います。

という点で、やはり、バランスのように思います。すべてはオンラインで完結できなくはないでしょうが、「刺激」という点ではあまり面白くないように思います。一方、オフラインだけでは、商品検索などの手間・時間がかかる、本章でいえば、レバレッジがきかない状態であり、やはり、適度にオンラインとオフラインのバランスが重要と言えます。

したがって、「ECの時代なので、もう小売店舗は必要ない」というのは、バランスという点ではやや極端なようにも思います。むしろ、本章で触れたマーチャントのビジネスモデル「クリック＆モルタル」というオンライン、オフラインの良いところをとることも現実的な選択と言えそうです。

第3章

D2Cを支える テクノロジー

第2章では、D2Cのビジネスモデルについて触れました。メーカー、マーチャント、それぞれが一体になってコンシューマーにアプローチするD2Cでは、「他の力」を借りる、すなわちレバレッジがポイントです。そして、そのレバレッジを実現するのがテクノロジー（技術）であり、Webフロント技術、決済の自動化、物流の自動化、マーケティングの自動化について触れます。

3-1
D2Cを支える4つのテクノロジー

これまで何度も繰り返すようにD2Cのビジネスモデルとしては決して新しい話ではありません。むしろ、小さなメーカーでも「他の力」を借りることでマーチャント機能を提供できる、このレバレッジにD2Cの新しさがあります。そして、この「新しさ」を実現する要素が、技術（テクノロジー）です。

D2Cの新しさを実現する4つのテクノロジー

では、どうやってテクノロジーで「新しさ」を提供するのでしょうか？ D2Cを支える4つのテクノロジーを図3−1に示します。

図3−1　D2Cを支える4つのテクノロジー

要素	概要	具体的な手法
Webフロント技術	ECにおける「店舗」に相当するウェブサイトをより早く、便利に表示	PWA ミニアプリ
決済の自動化	商品の買い手が代金を支払う処理を自動化する	キャッシュレス決済 自動決済
物流の自動化	物流プロセスの荷役、ピッキング･梱包、配送を自動化する	無人フォークリフト パワーアシストスーツ 自律ロボット 自動運転、ドローン
マーケティングの自動化	コンシューマーに対して商品の認知から購買までを自動化する	マーケティングオートメーション

●テクノロジーの方向性：Webフロント技術

このテクノロジーは、大きく分けて、1.**Webフロントテクノロジー**ならびに2.**自動化テクノロジー**の2つに分別することができます。

Webフロントテクノロジーは、ECを実現する上での欠かすことができない基盤技術であり、コンシューマーはウェブを通じてECにアクセスします。そして、このウェブは実際の店舗に相当します。そうしたウェブをより便利に使いやすくしようとするテクノロジーです。

●テクノロジーの方向性：自動化テクノロジー

これまで何度も触れているように、D2Cの新しさは「他人の力」を借りるレバレッジにあります。そして、そのレバレッジの一つが**自動化（オートメーション）**です。人手がかかっていた作業を機械・コンピュータが代行することで、より少ない力で大きな成果を得ることを目指します。

●自動化テクノロジーの適用領域

では、D2Cの領域において、何を「人手」から「機械」に置き換えるのでしょうか？その領域を図3－2に示します。

図3－2　D2C分野での自動化領域

	手動（人手）	自動（機械）	現状
1．決済 商品の購入	顧客が購入した商品・サービスについて集金係が現金（キャッシュ）で集金	クレジットカード、電子マネーなどによるキャッシュレス決済	ECではほぼキャッシュレスが標準に、リアルでもQRコード決済など普及
2．物流 商品のデリバリー	人手で倉庫の搬入、ピッキング、運送	倉庫の搬入、ピッキング、運送まで自動化	ピッキングについては、アマゾンなど大手で導入中、搬入、運送はまだ
3．マーケティング 商品の認知	折込チラシのポスティング、訪問販売、テレマーケティング	集客から受注まで一つのデジタルマーケティングチャネルで完結	MAツールなど大手企業を中心にデジタルマーケティングが普及しつつある

1. **決済の自動化**：何かしらの商品・サービスを購入する場合、その購入の対価としておカネを支払います。そして、最もシンプルなおカネの支払い方法は現金です。すなわち、一件一件すべての支払いについてマーチャント・メーカーが集金する方法です。こうした方法は手堅い方法ですが、一件一件、人手で回収するには手間と時間がかかります。したがって、これを機械に置

き換える、すなわち、**決済の自動化**です。

2.**物流の自動化**：電子書籍、ビデオなどのデジタル・コンテンツであればダウンロードするだけで利用できますが、たとえば、アパレルあるいは日用品といった物理的なモノの場合、何かしらの物流・配送が必要になります。この物流は、商品を倉庫に搬入、ピッキング、運送であり、一部ながらも現在では自動化が進んでいます。

3.**マーケティングの自動化**：マーケティングとは、商品を潜在顧客に認知する活動です。そして、商品を認知してもらうためには、たとえば、折込チラシを配る、訪問販売をする、電話で認知をするテレマーケティングなどがあります。そして、こうしたマーケティングをネット上で見込み顧客にアプローチする**デジタルマーケティング**として、集客から受注まで一貫して提供する**マーケティングオートメーション**が大手企業を中心に導入されつつあります。

3-2 Webテクノロジー①PWA

前章で触れたように、D2Cにおいては、メーカーとコンシューマーとの接点が増え、より質の高い顧客体験が求められることを指摘しました。オフラインでの顧客体験は実際の店舗ですが、オンラインの顧客体験はネット上になります。

ネイティブアプリとWebアプリ

ネット上でよりよい顧客体験を実現するためにはいくつかの手法があり、大きく分けて1.**ネイティブアプリ**と2.**Webアプリ**があります（図3－3）。

図3－3 ネイティブアプリとWebアプリ

	ネイティブアプリ	Web アプリ
アプリの種類	スマホのアプリ	Webサイト
利用方法	Android：GooglePlay iPhone：AppStore	ブラウザでWebサイトにあるコンテンツにアクセス
メリット	・アプリとして作りこんでいるため、処理が高速 ・プッシュ通知や位置情報を使った機能を容易に実現することが可能	・ブラウザで動作するため、常に最初情報を提供できる ・アプリのインストールの手間がかからない ・検索サイトからの流入が可能
デメリット	・インストールの手間がかかる ・情報量がWebサイトに比べて限定される ・検索サイトからの流入ができない	・プッシュ通知が利用できない ・利用者とのコミュニケーションが限定される ・オフライン閲覧ができない
具体例	・タクシー配車アプリ（Uber、JapanTaxi、SRide） ・フードデリバリーアプリ（UberEats、マックデリバリーなど）	・ポータルサイト（Yahoo!、Google）

●ネイティブアプリは店舗

まずは、ネイティブアプリです。iPhoneであれば、App Store、Androidであれば Google Play経由でアプリをダウンロードします。そして、そのアプリを**クリック=店舗入店**という建付けであり、これを**ネイティブアプリ**と呼びます。

●ネイティブアプリのメリット・デメリット

ネイティブアプリのメリットは、アプリとして作りこんでいるため、処理が高速であることにくわえて、プッシュ通知や位置情報を使った機能を容易に実現することができます。一方で、デメリットは、インストールの手間がかかることです。アプリストアで検索して、ダウンロードするアプリのインストールのハードルは高いと言えそうです。

●Webアプリのメリット・デメリット

もう一つの実現方法が**Webアプリ**です。Webアプリは文字通りWebで実現するアプリで、端的にいえば、ブラウザ上で動作するウェブサイトです。ブラウザ上で動作するので、アクセスするのは容易ですが、ネイティブアプリほど作りこみできないというデメリットもあります。

アプリと顧客体験

ネイティブアプリ、Webアプリ、それぞれメリット・デメリットもあり、一長一短ではありますが、D2Cを含めたEコマースの主戦場はスマホによる**モバイル**であり、2−6「D2Cのビジネスモデル　顧客体験を重視するコンシューマー」で触れた顧客体験が重要であることは間違いありません。すなわち、**アプリを使うと快適で楽しいという体験**です。

●モバイルの顧客体験を損ねる遅延

そして、モバイルの顧客体験を損ねる大きな要素が**遅延**です。すなわち、ページが遅くて表示されない、あるいは、途中で切れるといった要素です。図3−4では、モバイル環境でのユーチューブでの遅延のストレス度合いを示しています。ストレスは、2段階あり、最初のストレスは、ビデオ開始遅延によるストレス、2秒遅延した場合は16%、6秒遅延した場合は19%ストレス度合いが増します。次のストレスは、中断のストレス、途中で中断が発生した場合、さらに15%のストレスが増加すると指摘しています。

図3－4　ユーチューブの遅延によるストレス度合いの変化

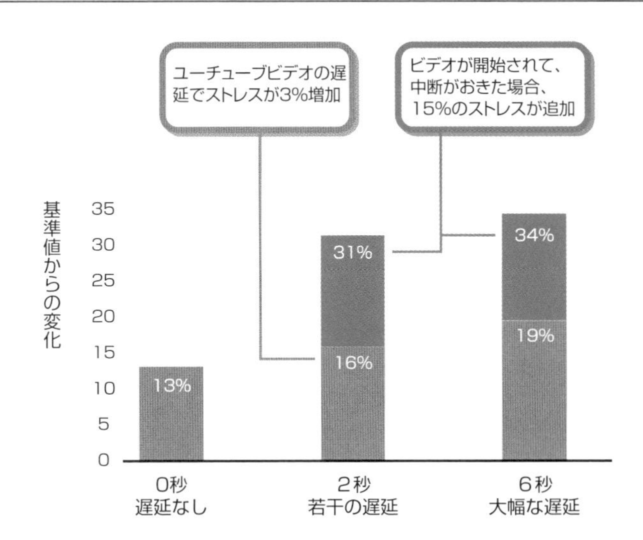

出所：エリクソン 消費者研究所のレポートを日本語化
http://www.ericsson.com/res/docs/2016/mobility-report/ericsson-mobility-report-feb-2016-interim.pdf

●スマホの「移り気のはやさ」

これは日常スマホを利用していれば、感覚として理解できる水準ではないでしょか。パソコンの場合と比べて、スマホではちょっとした遅延、ページ読み込みが遅いと、すぐ次にスキップしてしまう「**移り気のはやさ**」があると言えそうです。

新しいWebアプリ　PWA

どうやって、この「**移り気のはやさ**」から逃れられるのでしょうか？　テクノロジーでこの課題を解決する試みがいくつかあり、Webアプリにおいては、**PWA（Progressive Web App: プログレッシブウェブアプリケーション）**が新しいスタンダードとして注目されています。

PWAは、その名の通りプログレッシブ（積極的な）なWebアプリであり、従来のWebアプリをネイティブアプリに近づける取り組みです。具体的には、図3−5に示すように、その特徴は1.**インストール**と2.**3つの機能**に分けることができます。

●PWAのインストール

1.インストールについては、ブラウザ上でPWA対応アプリであれば、ブラウザから追加することが可能です。これはネイティブアプリの場合、一度、App StoreもしくはGoogle Play上のアプリに移り、そこでインストールするという手間を省く、シームレスな利用が可能となります。ただし、PWAサイトにとって、誰がインストールしたというデータは取ることはできません。

図3−5 PWAのインストールと機能

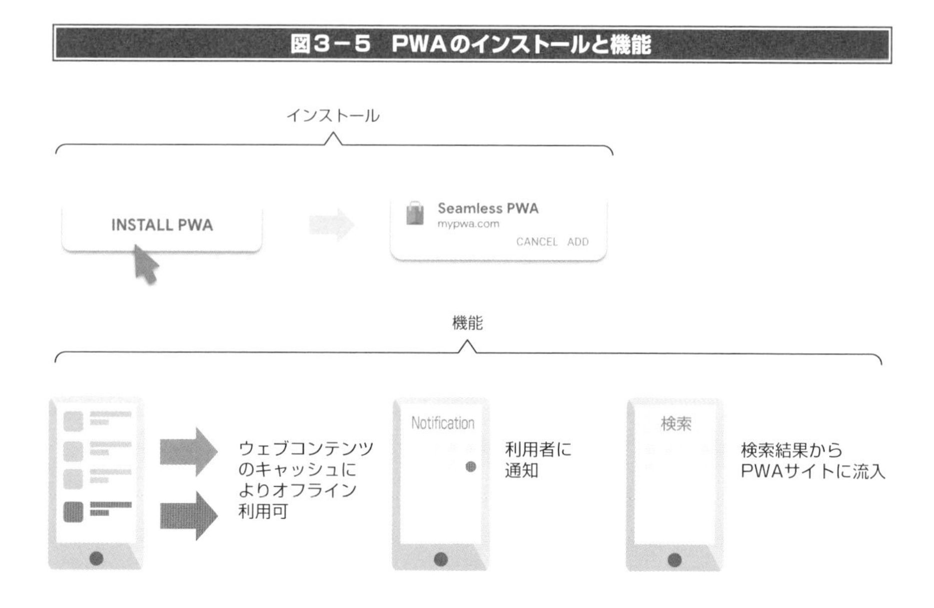

●PWAの3つの機能

2.の3つの機能は以下のとおりです。

1. **オフラインでの利用**：通常のWebアプリの場合、ネット接続がなくなると、当たり前ですが、コンテンツの閲覧はできません。一方で、PWAの場合、コンテンツを先読みすることで、ネット接続が切断されているオフラインでもコンテンツを閲覧することができます。

2. **通知機能**：通常のWebアプリの場合、あくまでもWebサイトなので、通知をする機能はありません。一方、PWAの場合、インストールしているので、プッシュ通知あるいは場所による通知（ローカル通知）が可能になります。
3. **検索サイトからの流入**：多くのモバイルでのコマースにおいて起点となるのが、ウェブ検索結果からの流入です。1−6「D2Cを理解するキーワード⑥データ活用」でも触れたように、ウェブ検索結果は利用者の興味でもあり、そこから購買という流れになりやすいとも言えます。ネイティブアプリの場合、検索→アプリのインストール→購買という流れですが、PWAの場合は、Webアプリなので、サイト上のインストールだけでシームレスに**検索→購買という導線を確保**することができます。

こうしたネイティブアプリとWebアプリの良いとこ取りであるPWA、今後の利用が拡大すると見れられます。とくに、注目したいのが、2−4「新しいマーチャント　ショピファイのビジネスモデル(1)」で触れたショピファイです。ショピファイは、これまで触れたように、表に出てこない裏方です。そして、表はメーカー、小売店のホームページです。もちろん、アプリという形でマルチチャネルECを実現することができますが、Webアプリとして実現した方が、利用者にとって利用しやすいと言えます。

そして、このWebアプリを実現する上での大きな武器がPWAです。通常のウェブサイトにくわえて、ネイティブアプリの良さを取り込むことによって、ショピファイも含めてWebアプリの導入が今後も増加するものと見られます。

3-3 Webテクノロジー②ミニアプリ

前述のPWAは、Webアプリでありながらもネイティブアプリのいいとこ取りのアプローチでした。一方で、ネイティブアプリ側にも動きがでています。それがミニアプリです。

ミニアプリとは？

ミニアプリについて図3−6に示します。ミニアプリは、アプリの中のアプリと言えます。たとえば、図3−6のように、LINEのアプリ（上位アプリであることから**スーパーアプリ**と呼びます）上にチャット、スタンプ、ゲーム、音楽、デリバリー、レストラン予約などの個別のアプリがあり、これを**ミニアプリ**と呼びます。

図3−6　ミニアプリ

スーパーアプリ
LINE, paypayなど

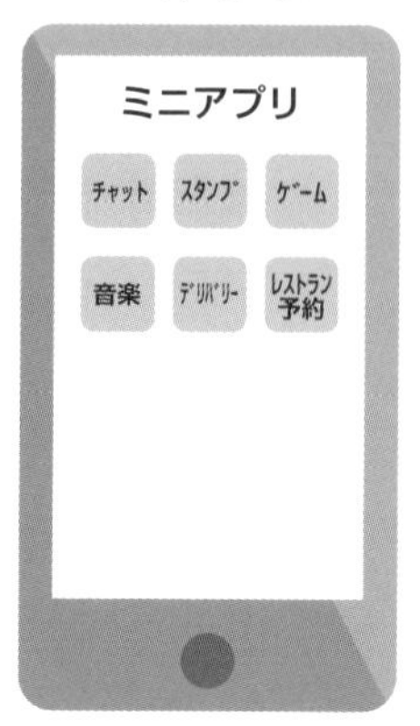

●ミニアプリのメリット

このミニアプリの最大のメリットは、**アプリストアからアプリをインストールする必要がないこと**です。たとえば、2020年3月末でのLINEの月間アクティブユーザ数（1か月に一度以上利用しているユーザの数）は、8400万人*、日本人口の約67%がアプリのダウンロードではなく、1か月に一度以上利用していることになります。たしかに、これは納得できる数字で、電話の代わりにLINEで電話するといった方も多いのではないでしょうか。

●ミニアプリのルーツ

こうしたミニアプリのルーツは、中国にあります。中国では、大手IT企業テンセントが提供するコミュニケーションツールWeChatの月間アクティブユーザは2020年3月末で12億250万人と桁違いのスーパーアプリであり、このWeChat上で2016年ころからミニアプリが登場します。

具体的には、このWeChat上で、タクシー、レストランの予約、ショッピング、フードデリバリーなどあらゆるコマースがミニアプリ上で実現しています。そして、WeChatにとってのミニアプリのメリットは課金です。WeChat上のミニアプリはWeChat Payと呼ばれる電子マネーで決済することが前提となります。

ミニアプリの機能

こうした中国でのミニアプリをうけて、2020年7月、前述のLINEがLINEミニアプリとしてLINE上で動作するミニアプリをリリース、その機能を図3－7に示します。

図3－7　LINEミニアプリの機能

機能	役割
リザベーション機能	予約フォームを設置して、店舗等の予約する機能
お知らせ機能	LINE公式アカウント経由で利用者にプッシュ通知する機能
お支払い機能	LINE Payによって商品・サービスを購入する機能
クーポン機能	割引、プレゼントなどの店舗で利用できるクーポンを配信する機能
ポイントカード機能	利用した代金に応じて付与されるポイントを管理する機能

＊…**8400万人**　https://webtan.impress.co.jp/e/2020/06/17/36097

●ミニアプリの具体例1　スシローミニアプリ

こうしたミニアプリの機能を利用した実際のミニアプリについて図3−8に示します。

スシローミニアプリ（図3−8左）は、回転寿司チェーンスシローのミニアプリです。このミニアプリで実現できることは、近くのスシロー店舗を検索、リザベーション機能による予約、ならびに、スシローでの来店・会計の金額に応じて付与されるまいどポイントについてポイントカード機能を利用した管理機能を提供します。

図3−8　スシローミニアプリとアイセイ薬局ミニアプリ

●ミニアプリの具体例2　アイセイ薬局ミニアプリ

アイセイ薬局ミニアプリ（図3−8右）は、病院で発行される処方箋の提供をミニアプリによって実現します。具体的には、現在の位置情報をもとに受け取る薬局ならびに受取日時をリザベーション機能によって選択し、処方箋をカメラで撮影、指定した日時、場所で、待つことなく処方箋を受け取ることができる仕組みです。

●ミニアプリのメリット

こうしたミニアプリのメリットは、やはり、アプリをインストールする必要がない点です。「アプリを作ったけど、アプリが古いままで利用するのをやめてしまった」、こういう経験はあるのではないでしょうか。そうした点で、ミニアプリは、毎日利用するスーパーアプリであれば、もちろん、アプリのアップデートは必要ですが、アプリインストールの敷居は下げることができます。

●ミニアプリのデメリット

一方、デメリットは、D2Cという観点で、重要な点は顧客体験の質です。D2Cは直接コンシューマーに販売する仕組みです。そのなかで、スーパーアプリは仲介するマーチャントに相当します。そのなかで、ミニアプリはあくまでスーパーアプリという全体の顧客体験の一部という位置付けになります。したがって、スシローミニアプリ、アイセイ薬局ミニアプリのように全体の顧客体験の一部（店舗予約）をミニアプリで代替するというアプローチが妥当かもしれません。

こうしたミニアプリ、メリット・デメリットあるものの、日本ではまだ始まったばかりです。いずれにしても、アプリをインストールする必要がない、前節で触れたPWAとは別の方向からのアプローチでもあり、今後普及が進みそうです。

3-4
自動化テクノロジー①
決済の自動化

決済は、古くて新しいテーマです。今から20年前、ネットでEコマースが開始された当初からクレジットカードを中心に決済しました。現在もクレジットカードは利用され続けているという点で「古くて新しい」テーマです。

クレジットカード決済の仕組み

クレジットカード決済は、ECの標準の決済手段として幅広く利用されています。そして、最近ではこのクレジットカード決済を応用したスマホ決済といった新しいテーマも登場してきています。古くて新しい決済ビジネスですが、まず、「古い」テーマであるクレジットカードについて触れます。図3－9に**クレジットカード決済**の仕組みを示します。

図3－9　クレジットカード決済の仕組み

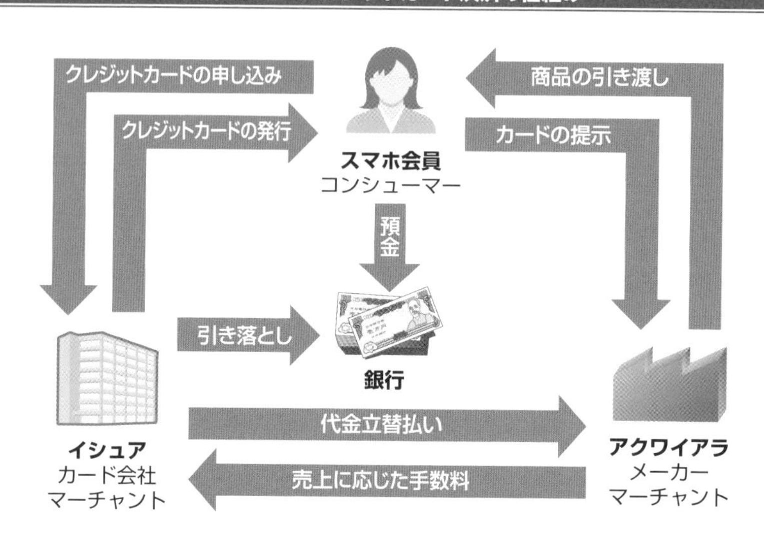

クレジットカード決済は、1.**カード会員**、2.**アクワイアラ（加盟店）**、3.**イシュア（発行会社）**の3者から構成されます。

- **カード会員**：ECサイトで商品を購入する場合、その商品の対価として代金を支払います。現金決済の場合、現金を渡しますが、クレジットカードの場合、カード会員は、クレジットカード情報（クレジットカード番号、有効期限）を入力し、決済します。
- **アクワイアラ**：ECサイトのサイト運営者、メーカー・マーチャントに相当するのが**アクワイアラ（加盟店）**であり、オフラインであれば店舗、オンラインであればECサイトがアクワイアラに相当します。アクワイアラは、カード会員（コンシューマ）から代金を徴収します。そして、カードを発行するイシュアとの間では、イシュアに対して売上に応じた手数料を支払い、かつ、イシュアからカード会員から徴収した代金の立替払いを受けます。
- **イシュア**：イシュアは、いわゆる、三井住友カード、UCカードのような**クレジットカード発行会社**です。一般的にはクレジットカード専業ですが、たとえば、丸井のようにマーチャントがカード会社となるケースもあります。イシュアは、カード会員に対してカードの発行ならびにカード会員が利用した金額の引落（一括または分割）があります。

スマホ決済の仕組み

このイシュア、アクワイアラ、カード会員によるクレジットカードのモデルはクレジットカードが成立して以来の仕組みなので「古い」仕組みではありますが、この仕組みを利用した「新しい」仕組みも登場しています。これが**スマホ決済**です。スマホ決済は、文字通り、スマホで決済する仕組みで、スマホのカメラでQRコードを読み取って、決済する方式で、**PayPay**（以下、**ペイペイ**）、**LINEペイ**、**ドコモD払い**、**auペイ**などがあります。

図3－10 ペイペイによる決済

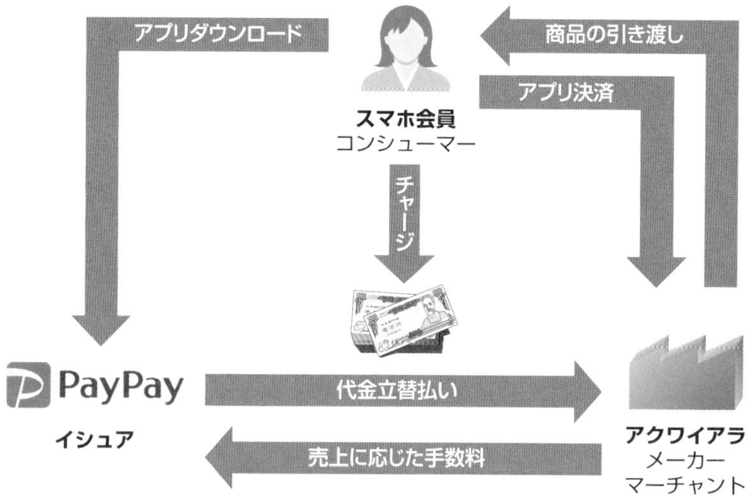

アプリダウンロード
商品の引き渡し
アプリ決済
スマホ会員
コンシューマー
チャージ
PayPay
イシュア
代金立替払い
売上に応じた手数料
アクワイアラ
メーカー
マーチャント

●利用の敷居が低いスマホ決済

スマホの決済、とくに普及が進んでいるペイペイの決済モデルを図3－10に示します。会員（スマホアプリ利用）、イシュア（ペイペイ）、アクワイアラというプレイヤーは変わりません。ただし、クレジットカードに比べて、その利用の敷居が下がります。

具体的な敷居の低さは、まず、コンシューマーは、クレジットカード申込に必要な審査は必要ありません、単にスマホでアプリをダウンロードして、銀行もしくはクレジットカード経由でチャージ（入金）します。そして、商品を購入する際も、アクワイアラの店頭にある**QRコード**を読み取り、料金を入力して、決済します。最後にイシュアは、コンシューマーの残高から決済金額を引き出し、アクワイアラに送金します。

●イシュアの集約

もちろん、イシュアはペイペイだけではなく、LINEペイなどいくつかのイシュアが存在します。そして、たとえば、店舗などのアクワイアラは、それぞれの決済端末を設置するのは、スペースを取ることもあり、現実的ではありません。したがって、こうしたQRコードのイシュアを取りまとめるネットスターズ社のStarPay（スターペイ）といった集約するソリューションもあります。

●アプリ決済のメリット　敷居の低さ

こうしたアプリ決済の敷居の低さのメリットは、コンシューマーにとっては顧客体験の向上につながるとも言えそうです。たとえば、ECサイトでスマホ決済を利用すれば、わざわざ、クレジットカード番号を入力しなくても決済ができるようになる、あるいは、引き落としは決済時におこなわれるので、リアルタイムで残高がわかるといった利用する敷居が低い＝毎日気軽に利用できます。

●アプリ決済のデメリット　セキュリティ

ただし、こうした便利なスマホ決済にも課題があります。それはセキュリティです。2020年9月、NTTドコモが運営するスマホ決済サービスであるドコモ口座について、クレジットカード番号・銀行口座・暗証番号を知っている第3者が不当にカード番号・銀行口座と本人とを紐づけ、ドコモ口座を経由して不正に送金した事件が発生しました。

具体的な手口は図3－11のとおりです。

- 1.不正アクセス犯人が不正に被害者の銀行口座情報を入手
- 2.同犯人は被害者に成りすまして、ドコモ口座を開設
- 3.同犯人により開設したドコモ口座を通じて、銀行から入金を指示
- 4.同犯人は不正チャージをして、そのチャージした口座で不正に利用

この問題の要因は、**本人確認（KYC：Know Your Client）**が十分でない点にあります。キチンと被害者の本人確認ができていれば、こうした問題は発生しませんでしたし、現状では、本人確認は強化されています。

顧客体験という観点では使い易いことは大事な要素ですが、この件では本人確認の不十分さといったセキュリティがないがしろにされた結果、発生した事件であり、今後、使い易いことはもちろんですが、それ以上にセキュリティの確保が必要になりそうです。

図3－11　ドコモ口座の不正アクセス

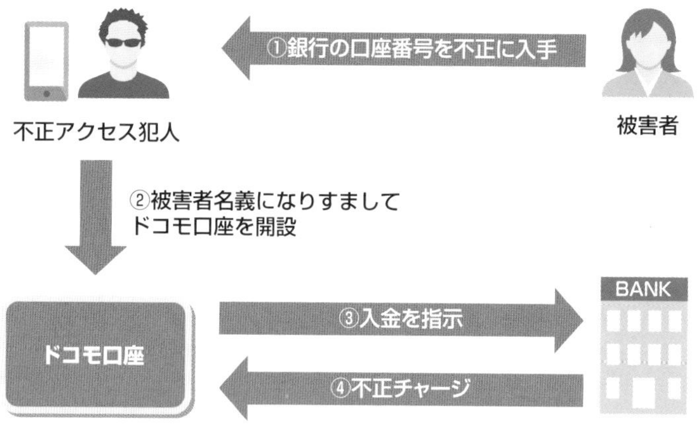

将来の自動決済システム　ティパルティ

スマホ決済は、現在、日本では普及しつつある決済ですが、今後の未来の決済システムという点で注目されるのが自動決済です。自動決済の対象はおもにグローバル決済で、国ごとに税務処理が異なり、複雑な処理が必要です。

こうした自動決済を手掛けるのが米国のスタートアップTipalti（ティパルティ）です。ティパルティが提供するのは、図3－12に示すような自動決済の仕組みです。具体的には、サプライヤーから何らかの商品を購入した場合、その1.サプライヤーの管理、そして、国によって異なる2.税務処理、コンプライアンス対応、3.請求書の管理、4.海外送金、5.決済、そして、6.レポーティング・決済調整です。

一般的に、こうした業務の多くは自動化されておらず、それぞれバラバラに個別対応するケースがほとんどです。ティパルティは、こうした業務を統合し、それを自動的に処理できるようなプラットフォームを開発、米国を中心に多く企業が利用しています。決済経路が会社によってバラバラかつ複雑な日本ではまだ普及していませんが、利便性という点では勝っているので、今後、ティパルティのような自動決済が近い将来利用されるとみられます。

図3－12 ティパルティの仕組み

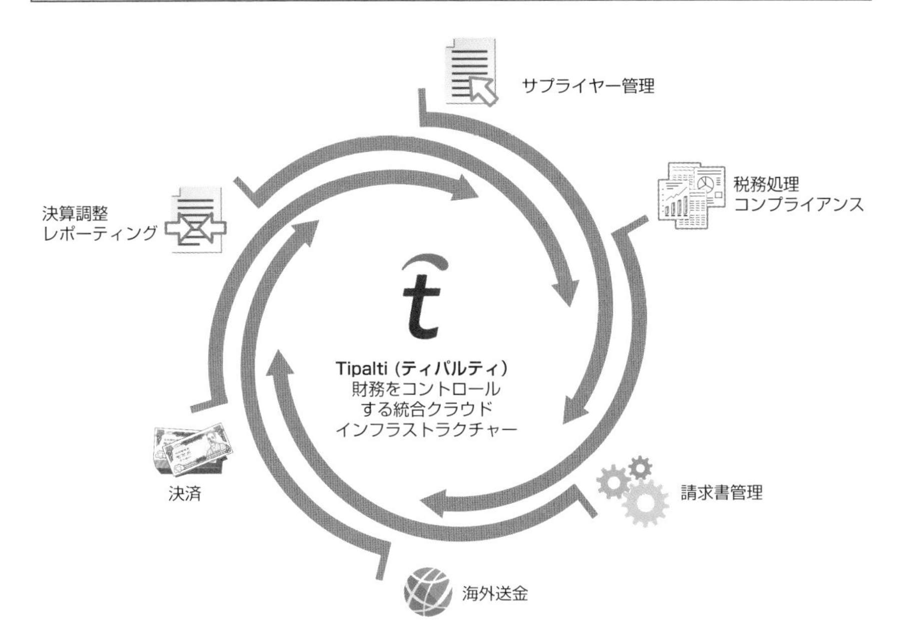

3-5
自動化テクノロジー②
物流の自動化

物流の自動化は、今後、ECが拡大する上で避けて通れないテーマです。とはいうものの、一言で、物流といっても、物流の意味する範囲は広いです。

物流とは何か？

そもそも、物流とは何を指すのでしょうか？この物流の流れを図3−13に示します。物流の目的は、**メーカーもしくはマーチャントで製造・仕入れた製品をエンドユーザーであるコンシューマーに届けること**です。もちろん、メーカーであれば工場直売、あるいは、マーチャントであればデパート・店舗など実際に「モノ」にアクセスできる場所であれば物流は必要ありません。しかしながら、こうしたケースはそれほど多くありません。

くわえて、ECの場合、コンシューマーは、スマホ・PCで注文して、自宅等で受け取るというケースが一般的なので、メーカー・マーチャントからコンシューマーへモノを届ける物流がほぼ必須となります。したがって、メーカー、マーチャントから直接1件1件コンシューマーに届けるのは現実的ではありません。

●物流のプロセス

物流のプロセスとしてまず、メーカー・マーチャントが自社もしくは物流会社が保有する物流倉庫にモノをまとめて搬入します（**荷揚げ**）。そして、物流倉庫では、その荷揚げしたモノを所定の場所に搬送、格納します（**搬送・格納**）。コンシューマーからの注文があった際は、格納された場所からピッキングして、宅急便等でコンシューマーに**配送**するという流れです。

●物流の自動化

こうした物流倉庫ならびに配送において、自動化の波が押し寄せています。自動化のメリットは、言うまでもなく、処理能力の拡大および物流コストの削減です。

図3－13　物流の概要

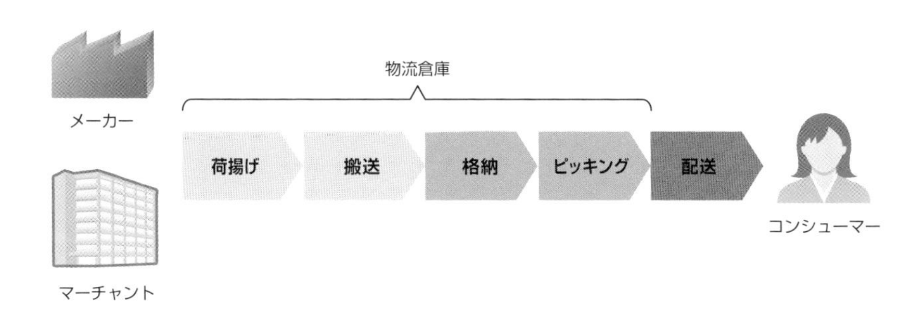

●荷役、ピッキング・梱包、配送の自動化

そして、この物流の自動化について図3－14に示します。自動化対象の分野は、具体的には、1.荷役、2.ピッキング・梱包、3.配送の3分野です。

図3－14　物流の自動化

物流プロセス	荷役	ピッキング・梱包	配送
主な業務	トラック、船舶等の輸送機器への荷物の積み込みならび、荷下ろし	物流倉庫に格納された商品をピックアップ・梱包する	ピッキングされ、荷降ろしされた商品をコンシューマに届ける
自動化の方向性	パレット荷：自動積み込みロボットなど バラ荷：人手を助けるソリューション	物流走行に格納された商品をロボットで自動的にピックアップ、もしくは、人と協調してピッキング・梱包	配送業者がコンシューマーに自動で配達。あるいは、コンシューマーが特定の場所でピックアップする
主要技術	無人フォークリフト パワーアシストスーツ	自律ロボット（アマゾンロボティクス） 協調ロボット	自動運転、ドローン 宅配ロッカー
実現度合い	労働者に装着するパワーアシストスーツはすでに利用可能 無人フォークリフトもパレット荷においては導入が進む	自律ロボットについては、物流倉庫自体に巨額な投資が必要であり、アマゾンのような大手が利用 協調ロボットについては、導入の敷居は自律ロボットに比べて低い	配送業者→コンシューマーによる自動運転、ドローン配送は実現のハードルが高い コンシューマーがピックアップする宅配ロッカーについてすでに広く利用可能

いずれのプロセスにおいても、ポイントは図3－15に示す**自動化のレベル**と**難易度**です。自動化のレベルが高いほど、実現へのハードルは上がります。

図3－15 物流の自動化と難易度

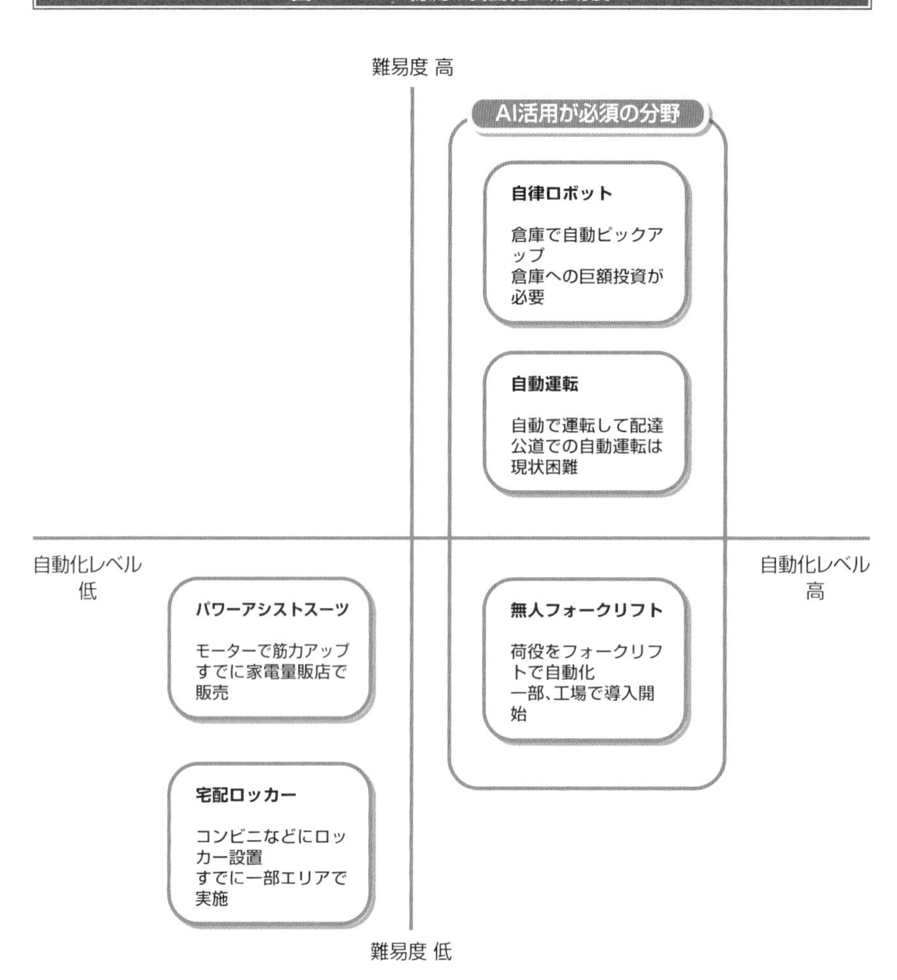

●自動化レベル　低・難易度　低

たとえば、荷役において、利用するパワーアシストスーツは、労働者がこのパワーアシストスーツを装着することによって、パワーアシストのモーターが稼働し人間の筋力をアップし、重量物を運ぶアシストをします。このパワーアシストスーツは、物流分野だけではなく、介護、農業、建設の分野で利用が進んでおり、日本のベンチャー企業イノフィス社が販売している腰を補助するマッスルスーツEveryは、家電量販店において15万円以下で購入することができます。すなわち、自動化というレベルでは高くありませんが、すでに実現できている、難易度が低いとも言えます。

●自動化レベル　高・難易度　高

一方で、配送の自動配送、ドローン、あるいは、ピッキング・梱包の自律ロボットは自動化のレベルは高いですが、実現へのハードルが高い技術です。たとえば、ピッキングの分野の自律ロボットは、図3－16に示すようにアマゾンロボティクスがその代表です。2012年、アマゾンは自社の**物流倉庫（フィルフルメントセンター）**を強化すべく、物流ロボットを手掛けるKiva社を買収しました。その後、フルフィルメントセンター内でのピッキングの自動化を物流ロボットで実現、日本を含めた世界中のフルフィルメントセンターで導入されています。詳細は公開されていませんが、フルフィルメントセンターではピッキングロボットのために最適化されているとされ、一般の物流倉庫がこうした仕組みを導入するのは困難と言えます。

図3－16　アマゾンロボティクス

出所：Amazon Robotics

物流の自動化とAI活用

図3－15の自動化の難易度が高い、かつ、自動化レベルが高い要素を実現するにあたって、カギとなるのが、**AI（人工知能）**の活用です。

人工知能とは**機械学習（Machine Learning）**です。機械学習のポイントは、**教師データ**をもとに学習することです。教師データは、例えてみれば、例題です。例題には、**問題**と**答え**があるように、問題と答えから特徴を抽出します。

●教師データとアルゴリズム

この教師データの例を図3－17に示します。問題に相当するのが、**入力**であり、この場合の入力は、配送元：A、商品：化粧品、配送先：Cです。そして、その問題に対応する**答え**が、倉庫の場所であるA3です。すなわち、配送元：A、商品：化粧品、配送先：Cという問題であれば、答えがA3であり、このパターンを**アルゴリズム**（処理の手続き）として学習します。そして、このアルゴリズムをベースに、配送元：A、商品：化粧品、配送先：Cという入力があった場合、A3を出力します。

●教師データの蓄積、活用が自動化実現のポイント

この機械学習のポイントは、**教師データが増える分だけ、精度が上がる点**にあります。たとえば、自律ロボットの場合、問題と答えを蓄積し、学習し、アルゴリズムを改良することで、未知の入力についても、高い精度で予測することができます。したがって、自動化の実現には、ロボットを作るというハードよりも、**教師データを蓄積して活用するAI活用**が重要な要素となります。

図3－17　機械学習による教師データの学習

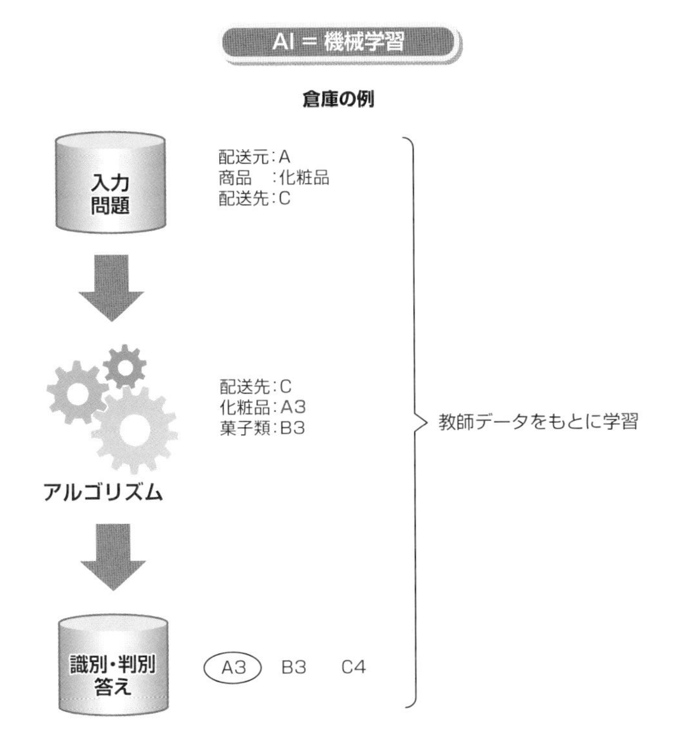

D2Cと物流の自動化

では、AIをはじめとした物流の自動化とD2C、どう関係するのでしょうか？図3－18にその概要を示します。この図では、**取り扱う品種**（単品および多品種）ならびにその**物流の対応方法**（手動および自動）を示しています。

図3－18　手動・自動と多品種・単品の関係

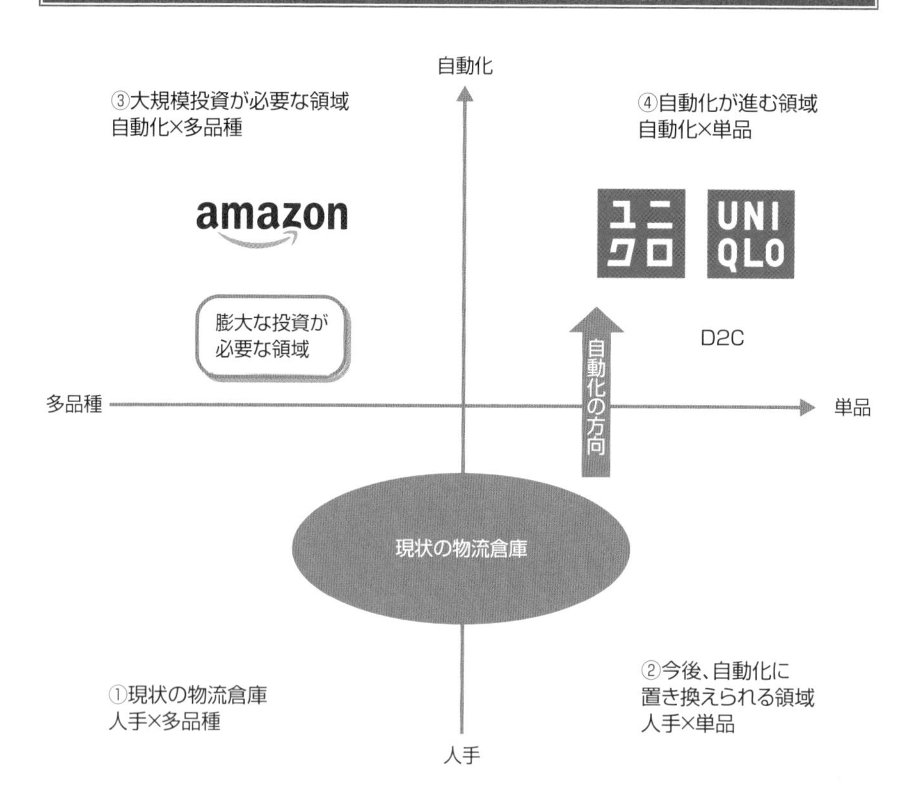

①現状の物流倉庫：人手×多品種

まず、現状の物流倉庫の主流は、縦軸の下、すなわち、**人手**です。人手で、取り扱う商品が単品だろうが多品種だろうが関係なく、扱う商品に対して荷役、ピッキング・搬送、配送を手動で実施します。ただし、前述のように、人手不足の現状では、今後、省力化・自動化が求められており、いつまでも人手で対応するわけにはいかないのが現状です。

②今後、自動化に置き換えらえる分野：人手×単品

同じ人手でも、変化が求められるのが単品を取り扱う倉庫です。単品はたとえばアパレル、部品、金型などであり、形状はある程度決まっています。こうした形状が一定の分野は自動化がやりやすい分野であり、自動的な荷役、ピッキング・梱包、配送が進む分野、すなわち、人手から自動化に置き換えらえる分野と言えます。

③大規模な投資が必要な分野：自動×多品種

では、どう自動化するか？これは扱う品種によって異なります。まず、**多品種**の場合です。多品種は、ジャンルが限定しない場合の物流です。たとえば、書籍などの比較的小さく軽い商品から、500ml24本入りペットボトルケース、あるいは、椅子、机といったインテリア商品、さらには、テレビのような家電まで、文字通り多品種です。

こうした場合、サイズ、形状がバラバラなので、それを物流倉庫で自動的にピッキング・梱包、配送するのは難易度が高いです。前述のアマゾンロボティクスのように、世界中での利用を前提として多額の投資が必要になり、自動化のハードルは高いです。

④今後のD2C物流：自動×単品

一方、単品の場合、サイズという点では、多品種のような書籍からテレビ、机のような多岐にわたりません。たとえば、ユニクロのようなアパレルであれば、コート、ジャケットのようなアウター、Tシャツ・フリースのようなトップス、ジーンズのようなボトムス、サイズはそれぞれ大きく変わりません。形状がある程度一定なので、自動的な荷役、ピッキング・梱包、配送のハードルは多品種より下がります。

したがって、今後、多品種よりハードルが低い単品自動化が今後進むと見られます。現状では、これまで触れたユニクロのようなSPAが物流の自動化を手掛けていますが、いずれ、ハードルが下がり、物流を手掛けていないメーカーにおいても、自動的に荷役、ピッキング・梱包、配送が実現できることができると考えられます。

3-6 自動化テクノロジー③ マーケティングの自動化

技術によって自動化を加速し、D2Cのレバレッジをあげる、これまで、決済、物流について見てきましたが、最後に取り上げるのがマーケティングです。マーケティングも自動化の波が押し寄せつつあります。

AIDMAの法則

そもそも、マーケティングの目的は、商品・サービスの認知から実際の購買活動に結びつけることです。では、どうやって認知から購買行動に結びつけるか、そのプロセスとしてよく知られているのが**AIDMA（アイドマ）の法則**です（図3−19）。

図3−19　AIDMAの法則

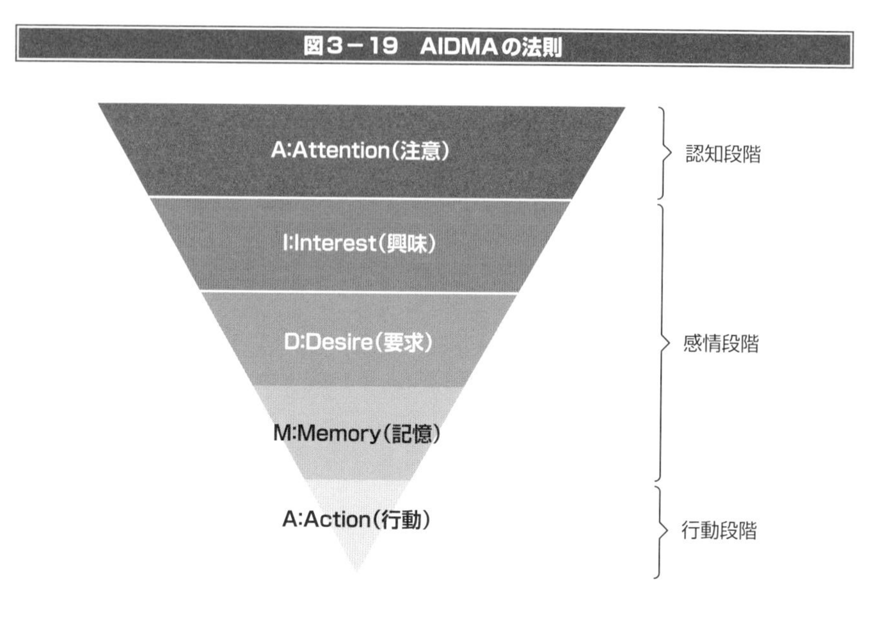

●AIDMAのA（注意）

AIDMAの法則は、コンシューマーが商品を購入するまでに5つの段階があると主張します。具体的には、まずは、**注意（A：Attention）**、たとえば、テレビCMで注意を惹く、あるいは、ネットでたまたま注意を惹く商品を見つけたなどで、これを認知段階として定義します。

●AIDMAのI（興味）、D（要求）、M（記憶）

ある商品を認知したとして、すぐに購買行動に結びつくとは限りません。認知した商品に**興味（I：Interest）**を持ち、そして、利用したいといった**要求（D：Desire）**し、**記憶（M：Memory）**（感情段階）をします。

●AIDMAのA（行動）

そして、興味を持ち、利用したいという要求をして、記憶に残ったら、あとは最後の購入といった**行動（A：Action）**に踏み切ります。単価の安い商品であれば、注意から行動までの期間は短いでしょうし、車、住宅などの単価の高い商品であれば、その期間も長くなり、いずれにしても、こうしたAIDMAが認知から購買行動へ結びつく要素と言えます。

マーケティングファネル

そして、ポイントは**すべてのコンシューマーがAIDMAのA（行動）までたどり着くとは限らない**ことです。たとえば、新車のテレビCMで1万人に認知注意を喚起しているものの、感情段階、行動段階と段階を経るごとに、その数は減り、最後の行動段階では10人になっているということもよくおこります。このように広い口からどんどん狭まっている漏斗（英語でファネル）のような形状になることから、図3−20のように**マーケティングファネル**と呼びます。

図3－20 マーケティングファネル

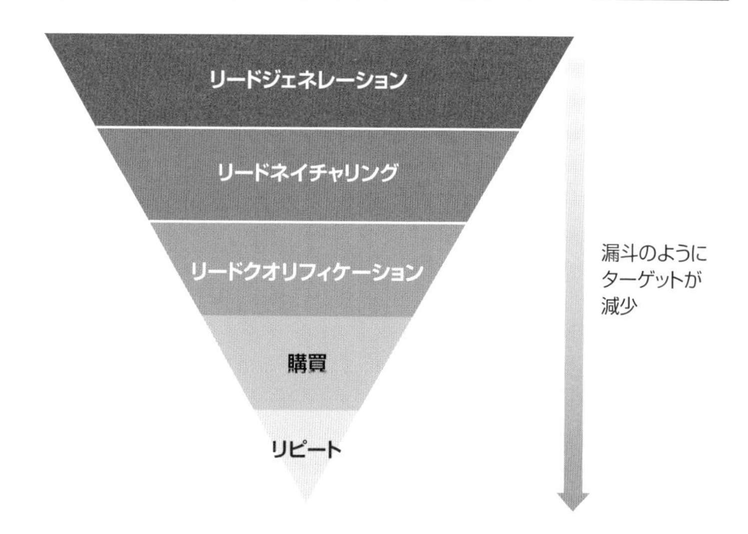

●マーケティングファネルのアナログとデジタル

アナログとデジタルの違いは、このマーケティングファネルの把握にあります。たとえば、アナログの場合、広告で認知し、どれだけ興味・要求・記憶のプロセスに進んでいるのか、インタビュー・アンケート等のマーケティング調査で確認する必要があり、コストがかかります。一方で、デジタルの場合、こうした**プロセスがすべてデジタルとして記録に残る**点が異なります。

マーケティングオートメーション

デジタルにおいては、こうしたマーケティングファネルがデジタル化されているので、自動化しやすい＝レバレッジが効きます。そして、主にB2B分野で用いられている手法が**マーケティングオートメーション**です。

●最初の入り口　リードジェネレーション

このマーケティングオートメーションを図3－21に示します。基本的な流れは、前述のマーケティングファネルそのものです。そして、最初の対象は**リード（見込顧客）**です。リードは、ある製品に興味関心がある層で、AIDMAでいえば、A（注意）、I（興味）に相当します。

そうした、注意・興味を持つリードを獲得することが**リードジェネレーション**です。具体的な、リードジェネレーションとして、認知を促すために、SNS、ウェブ広告、SEO、オンラインセミナーなどの集客手段を活用して、コンタクト情報を集めます。

図3－21　マーケティングオートメーション

マーケティングファネルの段階	役割	手段
リードジェネレーション	見込み顧客（リード）を獲得する	SNS、ウェブ広告、SEO、オンラインセミナーなど
リードネイチャリング	リードをネイチャリング（育成）する	メルマガ、SNS、オンラインセミナー、リード管理
リードクオリフィケーション	リードのなかから見込み顧客を特定する	個別カスタマイズされたコンテンツ（セミナー、メルマガなど）
購買	選別したリードによる購買	ECによる商品購入、決済
リピート	すでに受注した顧客からの再度の注文	SNS、メルマガ、オンラインセミナー等によるリピート促進、キャンペーンなど

●顧客を育成するネイチャリング

リードジェネレーションで獲得したリードはあくまで興味があるだけで、購入まで決めているとは限りません。そこで、次のステップとして、そのリードに対して、商品を知ってもらうように育てます。これを**ネイチャリング（育成）**と呼びます。

これはAIDMAの法則での感情段階、リードに商品にについて興味を持ってもらい、使ってみたいという要求をもってもらい、記憶する、この感情段階を、メルマガ、SNSなどの手段を用いて、リードを育てていきます。

●顧客を特定するリードクオリフィケーション

そして、育成したリードについて、購買を見込めそうなリードを特定（**リードクオリフィケーション**）、たとえば、初回限定キャンペーンのようなカスタマイズされたコンテンツを提供することで、リードによる購買プロセスに移ります。そして、一度、購買したリードについて、リピートを促すような施策を展開する、こうした流れを自動化する、これを**マーケティングオートメーション**と呼びます。

●B2Bがメインのマーケティングオートメーション

このマーケティングオートメーションは前述のようにB2B分野で利用されています。というのは、B2Bの場合、製造機器、基幹システムなど、複雑な機能を持ち、かつ、1台数千万といった高価なものが多いです。そして、そうした商品を販売する場合、どんな機能があるのか、何ができるのか、といった商品に関する説明、すなわち、リードネイチャリングが欠かせません。そして、育成されたリードを特定し、受注に結び付けるビジネスです。

●D2Cとマーケティングオートメーション

一方、D2Cの主戦場であるB2Cの場合、こうしたリードネイチャリングの期間は比較的短いと考えられます。むしろ、「あの有名人が使っている」といった口コミ、SNSなどによりネイチャリングの期間が短縮されているとも解釈することができそうです。

●マーケティングオートメーション＝コンテンツを介したコミュニケーション

B2C, D2Cいずれの場合も共通なのは、「**コンテンツ**」が主役であることです。インスタグラムで商品の写真を掲載する場合も写真というコンテンツ、メルマガで商品の魅力を説明する場合も商品の説明というコンテンツ、いずれもコンテンツが必要になります。

2−2「D2Cで変わるメーカーのビジネスモデル」で触れたように、メーカーがマーチャントを経由せずに直接コンシューマーと向き合うようになると、コンシューマーのニーズをつかむ「コンテンツ」をメーカーが提供する、いわゆる、製造「情報」小売業へのシフトが加速することを指摘しました。このマーケティングオートメーションは、こうした「コンテンツ」を提供するツールであり、D2Cにおいても今後この動きが加速すると見られます。

第3章まとめ

第3章では、D2Cを支えるテクノロジーとして、古くて新しいビジネスモデルであるD2Cを支える4つのテクノロジーについて触れました。

●3−1　D2Cを支える4つのテクノロジー

D2Cの新しさはテクノロジーにあります。そして、そのテクノロジーは4つであり、1.Webフロントテクノロジー、2.決済の自動化、3.物流の自動化、4.マーケティングの自動化です。

●3−2　Webテクノロジー①PWA

アプリは店舗に相当するもので、質の高い顧客体験が重要になります。そのうえで、Webアプリ上でネイティブアプリの良いところをあわせたPWA（プログレッシブウェブアプリケーション）の利用が今後拡大するとみられます。

●3−3　Webテクノロジー②ミニアプリ

インストールの手間がかかるネイティブアプリについても、動きがあります。LINEなど利用者の多くがすでにインストールしているアプリにアプリをインストールするミニアプリです。アプリストアでダウンロードする手間がなく、気軽に利用できるのが特徴です。

●3−4　自動化テクノロジー①決済の自動化

ECにおいて、決済はすでにクレジットカード決済が一般的ですが、スマホの普及とともにスマホで決済するスマホ決済も近年急速に普及しています。安全性に懸念はありますが、手軽な手段として利用が拡大するとみられます。

●3−5　自動化テクノロジー②物流の自動化

　商品をコンシューマーに運ぶ物流について、人材不足もあり自動化が加速しています。具体的には、荷役、ピッキング・梱包、配送であり、D2Cにおいては、今後単品×自動化の物流が加速しそうです。

●3−6　自動化テクノロジー③マーケティングの自動化

　アナログとデジタル、いずれも、商品を認知し、興味・要求・記憶し、そして、最後に購入する、このマーケティングファネルを最大化します。デジタルの場合、とくに、そのマーケティングファネルをデジタルでトラックする、マーケティングオートメーションの手法が利用されています。

第4章

世界のD2C企業

これまで第1章にてD2Cの概要、第2章においてビジネスモデル、そして、第3章でテクノロジーについて触れました。本章では、これを踏まえて、現在、世界でD2Cがどのようなトレンドか、その事例を見ていきます。

4-1 ヘッドレスコマースで躍進をはかるビッグコマース

第1章ならびに第2章では、次のアマゾンとしてショピファイを取り上げました。そして、こうしたショピファイに次ぐEコマースプラットフォームがビッグコマースです。オーストラリア発のベンチャーで、ソフトバンクグループも出資、2020年8月にはNASDAQ市場に上場しています。

ショピファイとビッグコマース

ビッグコマースもショピファイ同様に、メーカー・マーチャントにEコマース機能をクラウド形式で提供するサービスで、提供する機能はショピファイと同じです。具体的には、図4－1には、ビッグコマースの顧客である米アイスクリームメーカーであるベン&ジェリーズのショッピングサイトを示していますが、自社商品を購入できる、いわゆるECサイトであり、これはビッグコマース、ショピファイともに裏方という意味で同じ位置付けです。

図4－1　ベン&ジェリーズのショッピングサイト

●ビッグコマースとショピファイの違いは？

ショピファイとビッグコマース、ビジネスモデルは同じですが、**規模という点では決定的に異なります**。図4−2に2社の売上高、純利益、時価総額の比較を示します。規模の違いで最もわかりやすい指標が売上高です。

図4−2 ショピファイとビッグコマースの比較

会社名	Big Commerce ビックコマース	Shopify ショピファイ
売上高	3,631万ドル 37.4億円	7.14億ドル 735.4億円
純利益	▲848.1万ドル ▲8.73億円	3,599万ドル 37.07億円
時価総額	56.38億ドル 5,807億円	1245.65億ドル 12.83兆円
利用サイト数	65カ国90,000サイト	175カ国820,000サイト

・売上高、純利益については、ショピファイおよびビッグコマースは2020年6月期4半期実績
・円ドル換算は1ドル103円で計算
・利用サイト数について、ビッグコマースはhttps://digital.com/ecommerce-platforms/bigcommerce/、ショピファイはhttps://acquireconvert.com/shopify-statistics/を参照

●ショピファイはビッグコマースの20倍の売上高

2社の売上高は、メーカー・マーチャントがECサイトを利用した月次利用料であり、ビッグコマースは第1章で触れたショピファイ同様に利用規模に応じた月額プランがあり、スタンダードプランは月29.95ドル、プラスプランは79.95ドル、プロプランは299.95ドル、それぞれの規模に応じてプランを選択します。そして、このプランの積み上げによるビッグコマースの売上高は3,631万ドル（37.4億円）、ショピファイは7.14億ドル（735.4億円）と約20倍の開きがあります。

●収益の差は利用サイト数の差

こうした収益の差の要因の一つはやはり利用サイト数です。もちろん利用サイトがすべて活動しているとは限りませんが、利用サイト数が売上の基礎となることは間違いありません。利用サイト数でいえば、ビッグコマースが65カ国90,000サイトに対して、ショピファイは175カ国820,000サイトと、10倍近くの差があり

ます。こうした差が、売上高そして時価総額の差となっていると言えます。

ビッグコマースの2つのチャンス

ビッグコマースはショピファイに溝を開けられていることは確かですが、手をこまねいているわけではありません、同社には1.世界のEC消費額の伸長、ならびに、2.ヘッドレスコマースの2つのチャンスがあります。

●チャンス1　EC消費額の伸長

まず、一つ目のチャンスは、**世界のEC消費額の伸長**です（図4－3）。ネットを使って電子上で商取引をするという行為がスタートしたのは1990年代初頭、当時はグローバル小売に占めるEコマースの割合はほぼ0%でした。そこから2017年には世界の小売消費の10%まで拡大しました。そして、2024年にはその倍となる21%まで拡大が見込まれています。

こうした世界のEC消費額の伸長は、やはり、これまではECの利用が、たとえば本の購入など限られた場合だったのに対して、現状では、本から日用品全般の購入、さらには、フードデリバリーなど、あらゆる、商行為がECにシフトしてきていると言えそうです。

●成長市場で拡大するビッグコマース

上記の予測とビッグコマースとの関連では、これからも拡大する市場で戦っているということに他なりません。たしかに、ショピファイは強力なライバルかもしれないですが、世界中で拡大する市場を対象としているので、ビッグコマースにも伸びしろがあると考えられます。実際に、同社の2020年9月に発表された2020年6月期第2四半期決算における売上高3,631万ドルは前年同期比で＋32%の増加、年間売上高も＋30%で推移しており、成長する市場であることは間違いありません。

図4－3　世界のEC消費額の予測

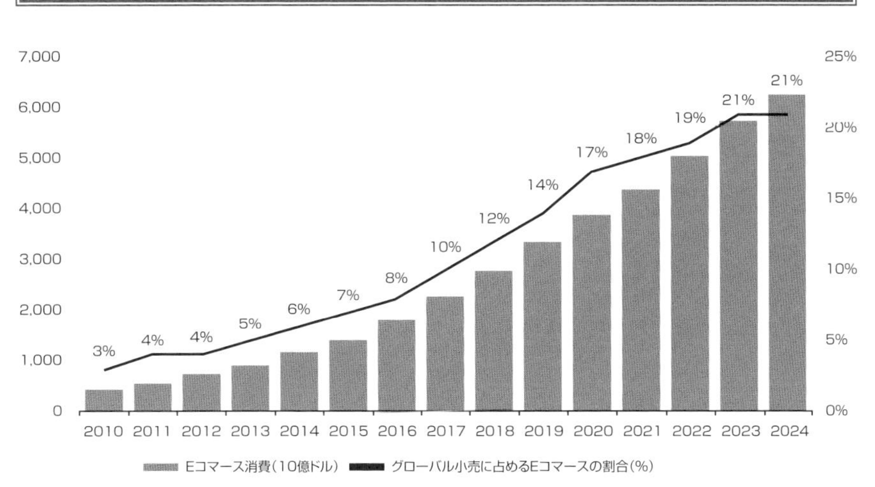

出所：eMarketer

●チャンス2　ヘッドレスコマース

ビッグコマースにとってもう2つ目のチャンスが**ヘッドレスコマース**です。ヘッドレスコマースは、その名の通りヘッドレス＝頭がない、すなわち、ヘッドはECでいえば**フロント**です（図4－4）。

●フロントとバックエンド

フロントは、リアル店舗でいえば**お店の看板**であり、カスタマイズされたウェブサイト、あるいは、第3章で触れたPWA・ウェブアプリでの注文、あるいは、フェイスブック,インスタグラムといったSNSからの注文、さらには、アマゾンAlexaといったAIスピーカーからの注文やブリック・モルタル、リアル店舗からの注文、あらゆるチャネルが「**ヘッド**」です。

●ヘッドレスコマース

そして、そうした「ヘッド」だけでは注文は完結しません、次に登場するのがバックエンドです。バックエンドでは、商品カタログ·コンテンツ管理、注文管理、クレジットカード、スマホ決済といったマルチチャネル決済、在庫管理といったECに関連する裏方処理を担当します。ポイントは、どのようなヘッドであろうが、ビッグコマースが提供するAPI（Application Programming Interface）を利用することで簡単にバックエンド機能を利用できる、これを**ヘッドレスコマース**と呼びます。

図4－4　ヘッドレスコマース

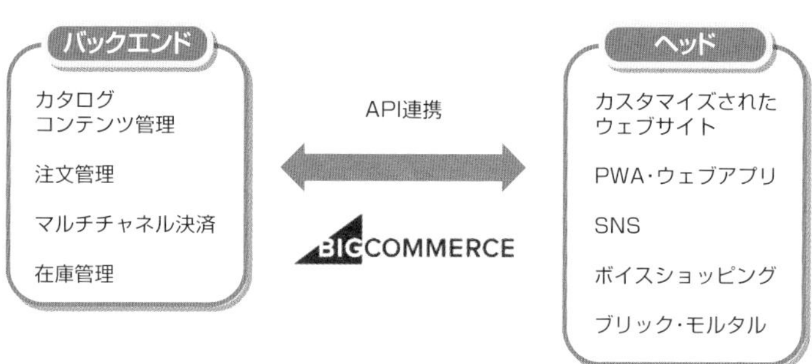

製造「情報」小売業とヘッドレスコマース

2－2「D2Cで変わるメーカーのビジネスモデル」では、メーカーのビジネスモデルについて、マーチャントを経由することなく、直接、コンシューマーに向き合うことで製造「情報」小売業に転換することを指摘しました。

そして、この**ヘッドレスコマース**は、ウェッブサイトでのEC、PWAウェブアプリ、AIスピーカー経由でのボイスショッピング、そして、ブリック・モルタルのショールームを**ECに統合する「裏方」の主役**とも言えます。

逆にいえば、ECはECプラットフォーム、リアル店舗は店舗のシステム、SNSは別のECプラットフォームといった、商品カタログ、コンテンツ管理、注文管理、クレジット決済などのバックエンド機能を**分断**しては本末転倒であり、**ヘッドレスコマースで統合**することで、**一枚岩でコンシューマーと向かい合う**ことができる、ここにヘッドレスコマースの革新（イノベーション）があると言えそうです。

●ヘッドレスコマースを強化するビッグコマース

もちろん、このヘッドレスコマースは、ビッグコマースだけが提供しているわけではなく、ショピファイも同じコンセプトで提供しています。ただ、同社のブレント・

ベルムCEOによれば

> 「ヘッドレスコマースは、ビッグコマースのパワーと柔軟さを証明しており、何百ものサイトにヘッドレスコマースを導入している。(Headless commerce demonstrates the power and flexibility of BigCommerce and we power many hundreds of headless sites.)」 *

と触れているように、ヘッドレスコマースによって成長市場を取り込む戦略です。

●ヘッドレスコマースは、メーカー・マーチャントの競争力を強化する武器

これまで触れたように、メーカーは、製造「情報」小売業として、コンテンツを販売する、そして、マーチャントも顧客のニーズをくみ取り、プライベートブランドのような自社ブランドを展開するなかで、ヘッドレスコマースは、メーカーそしてマーチャントいずれにもそれぞれの競争力を強化する「武器」として今後大きく発展すると見られます。

ビッグコマースの今後

これまで触れたように、ビッグコマースはショピファイに比べて売上高、流通取引金額などを比べれば、ショピファイが圧倒的に勝っています。もちろん、それはショピファイの競争力、そして、ECプラットフォームのシェアによるものです。

そうしたなかで、ビッグコマースが今後シェアを上げる突破口はやはり、ヘッドレスコマースでしょう。これまでは、EC、リアル店舗、通販とそれぞれ分断したチャネルを**ヘッドレスコマースで一つに統合してコンシューマーと向き合う**、もちろん、ショピファイもこうしたアプローチではありますが、上述したように、EC自体が既存のコマースを統合している状況であり、今後もビッグコマースはこの統合が続くうえで主要なプレイヤーになると見られます。

＊…を導入している　ビッグコマース　2020年6月期第2四半期決算説明会より

4-2 ワービー・パーカー メガネのD2Cブランド

D2Cという文脈のなかで、必ずと言っていいほど登場するのが米国でメガネ販売を展開するWarby Parkerです。では、同社のどういった点がD2Cなのでしょうか?

ワービー・パーカーのサービス「ホーム・トライオン」

Warby Parker（以下、**ワービー・パーカー**）のビジネスはシンプルです。まず、同社のオンラインショップでは、**Home Try-On（ホーム・トライオン）**と呼ばれるメガネ配達サービスを提供しています。ホーム・トライオンは、図4−5に示すように同社のサイトにアクセスすると、同社が製造している数十種類のメガネ・サングラスが表示されます。そして、その中から好みの5種類を選択します。

ホーム・トライオン、直訳すれば、家で試着することであり、メガネ店舗での試着が無料であるように、ホーム・トライオンも無料、送料もワービー・パーカーが負担し、家でメガネを試し、気に入ったものを購入、残りは5日以内に返送する仕組みです。

図4−5 ホーム・トライオン

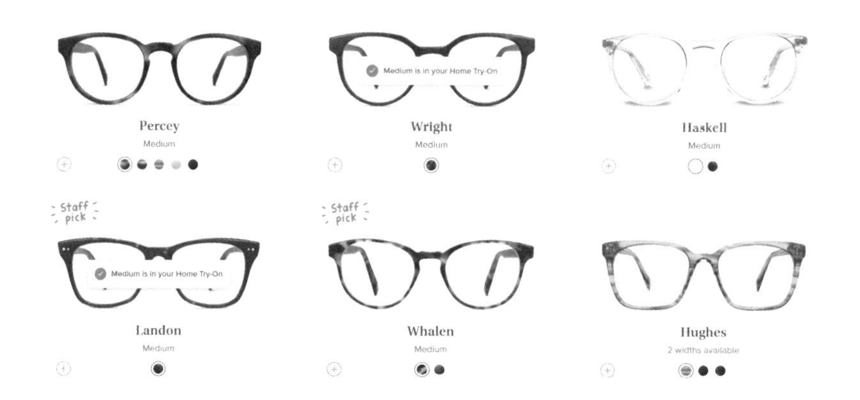

●ワービー・パーカーの創業の思い

なぜ、ワービー・パーカーはこうした仕組みを導入するのか？それは同社の会社のルーツに由来します。ワービィーパーカーのルーツは、同社のストーリーで示されているように

「すべてのアイデアの始まりは問題から始まる。我々の問題はシンプル、メガネは高すぎる。(Every idea starts with a problem. Ours was simple: glasses are too expensive.)」＊

と、市販されているメガネが高いこと、そこからワービー・パーカーのビジネスはスタートしました。

ワービー・パーカーの創業者は、学生のころ、メガネを無くして、代りを買おうとおもったものの、そのあまりの高さにメガネを買わずに過ごしたと言います。安価で質の良い眼鏡を提供する、これがワービー・パーカーの出発点でもあり、ホーム・トライオンがその具体的なアプローチでもあります。

●安いメガネを提供するためには？

では、どうやって「安く」メガネを提供するのでしょうか？そのアプローチが、1−2「D2Cを理解するキーワード②SPA」でも触れた**SPA（製造小売業）**です。

同社の製造小売業のコンセプトについて、こう指摘します。

「既存のチャンネルを回避して、メガネを自社で設計し、顧客とダイレクトにつながり、高品質で見栄えのよい眼鏡をお手軽な価格で提供します(By circumventing traditional channels, designing glasses in-house, and engaging with customers directly, we' re able to provide higher-quality, better-looking prescription eyewear at a fraction of the going price.)」

●顧客とダイレクトにつながる

同社の上述のコンセプトにおいて、自社で企画・製造・販売するという、いわゆる、製造小売業であることにくわえて、「**顧客とダイレクトにつながる**」、ここにワー

＊…は高すぎる https://www.warbyparker.com/history

ビー・パーカーのD2Cの本質がありそうです。

実際に、同社の顧客とダイレクトにつながるために、図4－6に示すような**オンライン**と**オフライン**の2つの接点でダイレクトに顧客とつながります。

図4－6　ワービー・パーカーの顧客との接点

オンライン経験

オフライン経験

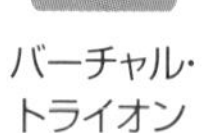

バーチャル・トライオン

ホーム・トライオン

ショールーム

- **オンライン体験**：自宅にあらかじめ選んだ5本のメガネを試着・購入することができる前述のホーム・トライオンにくわえて、アプリをダウンロードして、メガネをバーチャルに試着できるバーチャル・トライオンを提供します。いずれも、その試着したメガネでの写真をインスタグラムにアップするなど、顧客という「他の力」を借りて、潜在顧客に認知します。
- **オフライン体験**：もともとワービー・パーカーは、オンラインでの販売でしたが、2013年に同社のメガネを実際に試着したいというニーズからショールームをオープン。2020年12月時点において全米120以上の店舗で、同社のメガネを実際に試着することができます。試着にくわえて、予約制で目の検査といった、顧客の「目」に直接向き合う体験を提供しています。

メガネ製造販売のバリューチェーン

具体的なメガネの製造・販売のバリューチェーンについて図4－7に示します。1－3「D2Cを理解するキーワード③川上・川中・川下」で触れたように、メガネの商流も、川上・川中・川下から構成されます。

具体的なメガネの製造・販売は**レンズ、フレームを設計・調達する川上**、その調達した部品を**製造する川中**、そして、**完成したメガネを販売する川下**の3つのプロセスに分離することができます。

●ワービー・パーカーのバリューチェーン　川上

ワービー・パーカーと一般的なメガネメーカー、まず、**川上の設計・材料の調達**という点では自社で材料を調達してフレームを製造します。具体的には、レンズの素材から、メガネのフレームの材料となるプラスチックまで、メガネを構成するすべての原材料を調達し、これはちょうど、ユニクロが自社で繊維を調達しているのと同じ構図です。

●ワービー・パーカーのバリューチェーン　川中

そして、川中において、同じく1－3「D2Cを理解するキーワード③川上・川中・川下」で触れたように通常のバリューチェーンでは川中の製造では**OEM（OEM: Original Equipment Manufacturer、他社ブランドによる製造）**に委託します。そして、委託した分の手数料が加算されますが、ワービー・パーカーでは自社でメガネを製造します。

こうした自社製品のメリットは、やはり、**少量多品種**を製造することができることです。**顧客とダイレクトにつながる**ことで、顧客のニーズの把握がやりやすくなります。そして、その顧客のニーズを把握し、そうしたニーズを満たすようなメガネを少量多品種で生産する、ここにD2Cのメリットがあります。

●ワービー・パーカーのバリューチェーン　川下

最後に、**川下**において一般的にはマーチャントである小売店へ販売委託をします。販売委託のメリットは、やはり、マーチャントの「**売る力**」にあります。百貨店やショッピングモールなど人が集まるエリアに出店し、販売する。この対価として、メーカーはマーチャントに販売手数料を支払い、その販売手数料がメガネの価格に上乗せされます。

ワービー･パーカーでは、マーチャントに販売を委託せず、家に届けて試着して、気に入ったものを購入するシンプルな販売方法です。このメリットは、やはり、コストであり、同社のメガネの価格はおよそ95米ドル(1ドル103円換算で9785円)であり、日本のメガネの平均価格24,000円に比べれば、割安と言えます*。

図4－7 メガネ製造・販売のバリューチェーン

●D2Cのメリット

一方、ワービー・パーカーの場合、メガネのデザイン、材料の調達にくわえて、製造ならびに販売も自社で完結しているので、外部に委託する手数料が必要なく、その分、安くメガネを提供できます。

こうした製造・販売を一貫して手掛けるメリットは以下です。

1. **ブランドの確立**:ワービー・パーカーの場合、これまで触れたように材料の調達・製造から販売まで一貫して自社で完結しています。そして、調達した材料の調達、製造過程、さらには、「BUY A PAIR, GIVE A PAIR」、メガネを一つ購入すると、その売上からメガネを一つ発展途上国に寄付する、という購入後の社会貢献、こうした一貫性が他社にマネできない「**ブランド**」を生み出していると言えます。

---

*…と言えます https://www.glafas.com/news/topics/100908megane_price.html

2.**コンシューマーとの接点**：ユニクロでも触れたように、SPAのメリットはやはりコンシューマーと接点です。たとえば、前述の5つのメガネをフィッティングできるホーム・トライオンでは、コンシューマーがフィッテイングしたメガネをインスタグラムなどのSNSに投稿、その投稿をもとにさらに改良を重ねるといったコンシューマーに寄り添うことができます。

D2Cは、まさに**「ダイレクト」に「コンシューマー」と向き合う仕組み**であり、ワービー・パーカーは、D2Cを実現したいというよりも、ダイレクトに顧客に向き合う仕組みにしたら、D2Cになったというべきでしょう。

ワービー・パーカーの今後

D2Cのお手本のようなワービー・パーカーですが、今後、いくつかのチャレンジもありそうです。まず、一つ目は**スケール（規模）**でしょう。顧客とダイレクトにつながり、原材料も自社で調達し、少量多品種で、オンラインで販売する場合、やはり、品質を保つために規模の拡大が難しいケースが多いと言えます。

同社も、商品の提供範囲が原則米国のみということもあり、たとえば、現状のモデルであれば日本などのアジア展開も困難と考えます。顧客とダイレクトにつながり、品質を確保しながら、規模を拡大するという「二足のわらじ」が今後同社のチャレンジと言えるのではないでしょうか。

4-3 キャスパー 睡眠のD2Cブランド

ワービー・パーカーは、メガネを販売するD2C企業でした。そして、同様にマットレスといった寝具を販売するD2C企業がCasperです。

キャスパーの軟調な株価

Casper（以下、**キャスパー**）は、株式公開前、その企業価値が10億ドル（1ドル103円換算で1030億円）を越えており、ユニコーンのようにこうした会社は滅多に見られないことから**ユニコーン企業**と呼ばれていました、とくに、D2C分野においては、前節のワービー・パーカーで指摘したように、企業価値を形成する大きな要素である**スケール（規模）**、すなわち、米国のみならずグローバルに展開できる期待から、より一層、キャスパーに注目が集まっていました。

そうしたユニコーン企業として同社は2020年2月にニューヨーク証券市場に新規上場、図4−8に示すように初値の14.5ドルを天井に株価は半分程度に下落、ショピファイといったD2C企業が堅調のなかで、株価は冴えない状況です。

図4−8　キャスパーの株価（単位：USドル）

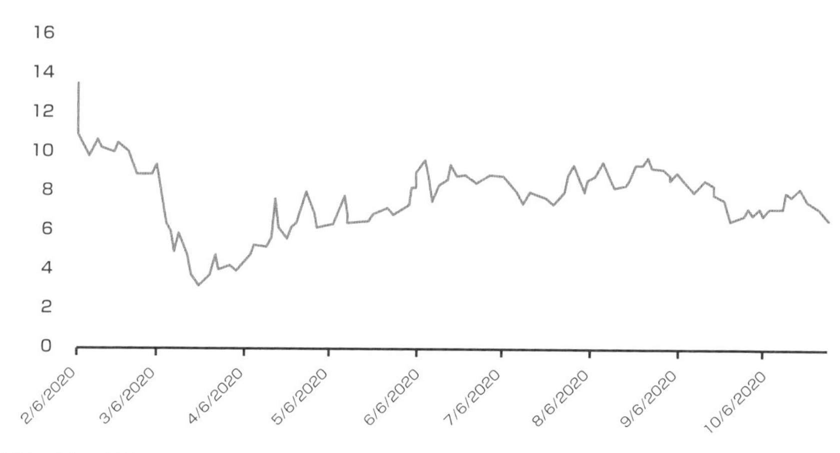

出所:Yahoo! Finance

キャスパーのビジネスモデル

株価が冴えない＝ビジネスが不振というわけではありませんが、株価は今後の成長に対する期待値でもあるので、その期待値に対して疑問符が付けられているとも言えます。では、何がその要因か同社のビジネスモデルを見ていきます。

●キャスパーの販売するマットレス

キャスパーが販売するのは、図4－9に示すマットレスです。単なるマットレスではなく、自社ラボで就寝時、睡眠時、起床時の睡眠にかかわる体験を快適にできるかを調査、検証し、製造販売をする、いわゆる、**マットレスのD2C企業**です。

図4－9 キャスパーが販売するマットレス

●キャスパーとワービー・パーカーの違い

ただし、前節のワービー・パーカーと異なるのが、**値段**と**耐久年数**です。メガネはだいたい100ドル以下ですが、マットレスはその約10倍の1000ドル程度、くわえて、耐久年数も10年以上と、高くて買い替えサイクルが長い点がワービー・パーカーと異なります。

●キャスパーの市場拡大プラン

こうした単価が高く耐用年数が長い製品のGo To Market（市場拡大）プランを図4−10に示します。3−6「自動化テクノロジー③マーケティングの自動化」では、新しいマーケティング手法として、**マーケティングオートメーション**を紹介しました。

そして、このマーケティングオートメーションは、漏斗のように対象人数が徐々に狭まっていくことからマーケティングファネルと呼びました。キャスパーの市場拡大プランは、この**マーケティングファネルを拡張**したものと言えます。

●キャスパーの顧客中心モデル

具体的には、まず、中心に顧客が存在します。顧客は、すでにマットレスを購入した利用者、あるいは、購入に興味を持っている潜在顧客、いずれも含みます。そして、その顧客に対して、以下の5つのチャネル経由でアプローチします。

1. **ウェブサイト**：ウェブサイト（Casper.com）での商品紹介
2. **小売店舗**：キャスパーが運営する全米を中心とした65の小売店舗（Casper Retail Stores）で実際にマットレスを体験
3. **小売パートナー店舗**：大手米国小売店舗であるターゲット、コストコ、あるいはアマゾンによる第3者とのパートナーシップ（Retail Partnership）による販売
4. **コンテンツ**：キャスパーの睡眠スペシャリストによるコンテンツ（Sleep Specialist）を使った潜在顧客への認知
5. **ソーシャルメディア**：フェイスブック、ツイッター、インスタグラムなどのSNSを通じて、潜在顧客への認知を促します

したがって、マーケティングファネルという点では、まず、4.コンテンツ、5.ソーシャルメディアで、潜在顧客への認知（**リードジェネレーション**）をし、そこから、購入を決めたら1.ウェブサイト、2.小売店舗、3.小売パートナー店舗で購入する、これがキャスパーの**マーケティングファネルモデル**と言えます。

図4－10　キャスパーの市場拡大プラン

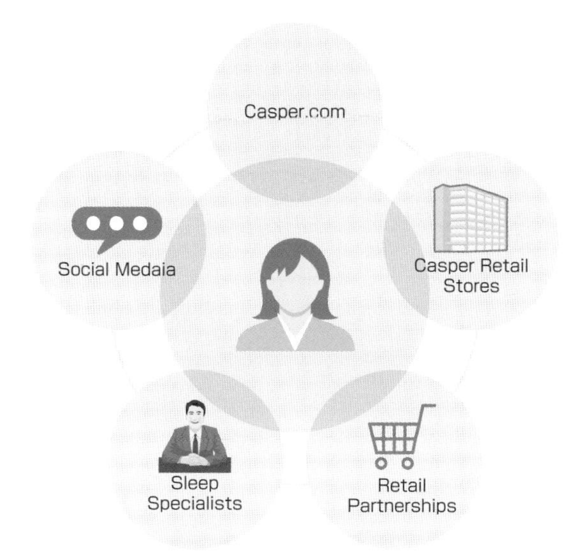

主力マットレスの売上鈍化

こうした市場拡大プランの一方で、このビジネス特有の難しさもあります。具体的には、**コストがかかる**ことです。図4－11に同社の四半期売上高、営業損失を示します。売上高は、自社サイトでのマットレスおよび寝具類販売（D2C）ならびにコストコ、アマゾンといったパートナー経由での販売（Retail）の2つのセグメントから構成されます。

ここからわかることは、まずD2Cの売上が鈍化していること、そして、パートナー経由の売上が増えていることです。実際に、2020年第3四半期(2020年7～9月)の売上高は1.23億ドル（1ドル103円換算で127億円）と前年同期比で▲3.1%減少、売上高構成比も2019年第3四半期にD2Cの売上構成比は79.6%から2020年第3四半期で72.8%まで低下、パートナー店舗経由での売上が増えています。

●D2C売上鈍化の理由

このようにD2C売上が鈍化した理由として、やはり、マットレスという単価が高く、耐久年数が長い商品については、**自社サイトでの販売には限りがある**、と読み取ることができそうです。前述のように、ワービー・パーカーのメガネと比べて、単価も高く、重量も重いので、簡単に決断できないということもありそうです。

●かさむマーケティングコスト

そして、もう一つの論点は、コストです。同社では、売上から売上原価を引いた売上総利益率は50％程度ですが、営業コストがかさみ、上場以来、一度も黒字を達成できていません、同社のコストのうち、やはり重しになっているのは、マーケティングコスト、上述のマーケティングファネルを実現する上にはコストもかかります。そして、65店舗にものぼる自社小売店の人件費、賃貸料、あるいは、アマゾン、コストコ等のパートナーに支払う販売手数料です。

図4－11　キャスパーの四半期売上高、営業損失推移（単位：千ドル）

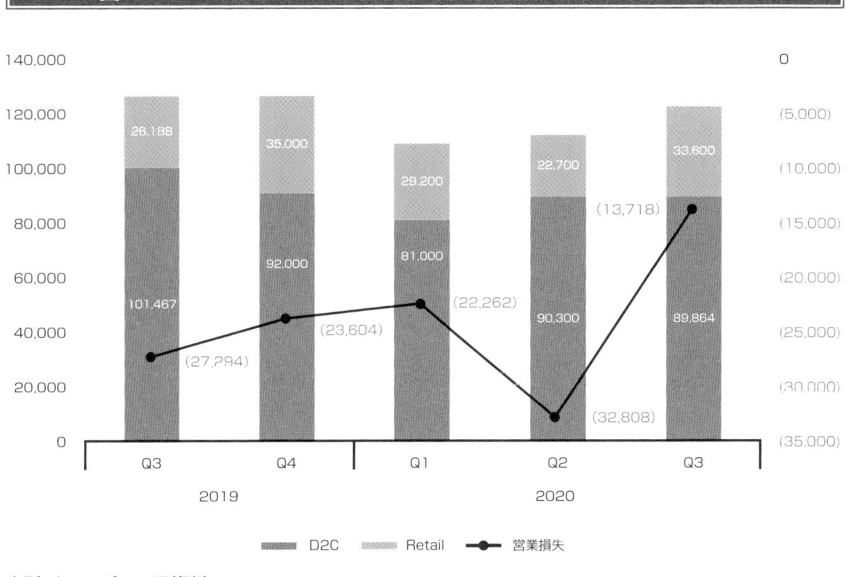

出所：キャスパー　IR資料

●送料コストの負担

さらには、送料のコストも大きな負担です。同社では、マットレスの100日体験保証を提供しています。すなわち、マットレスを購入して、100日の間、マットレスが気に入らない場合、無料でリターンができるトライアルです。もちろん、一度購入すれば、多くの顧客はそのまま利用するものと見られますが、返品する場合も、メガネと異なり、送料のコストも小さくない負担と言えそうです。

●コスト先行が続くキャスパーの業績

いずれにしても、赤字だからといって会社が立ちゆかなくなるわけではありません。かつて、アマゾンは長い期間にわたって赤字を計上していました。これはECという市場を開拓する上で、先行投資が必要であり、結果的に赤字になりました。キャスパーにとって課題なのは、赤字よりも売上が鈍化している点です。とくに、D2Cというコンセプトでスタートしたにもかかわらず現状でD2Cの売上が鈍化している、ここに同社の根本的な課題があり、軟調な株価もこうした状況を反映していると言えます。

●キャスパーの今後

こうした状況のなかで、キャスパーの今後をどう見るべきでしょうか。やはり、自社で企画し、開発したマットレスを通じて顧客に質の高い睡眠を提供したい、こうした思いから同社はスタートしました。

一方で、アマゾン、コストコといった小売パートナー店舗、すなわち、マーチャントは、たしかに「**売る力**」は持っていますが、キャスパーの思い、こだわりが薄まってしまう懸念もあります。したがって、ダイレクトに顧客につながる、もともとのD2Cに戻るというのも一つの選択肢ではないかと筆者は考えます。

4-4 インドチーノ　オーダーメイドスーツのD2Cブランド

前節のキャスパーはマットレスという大物のD2Cを手掛けていましたが、ここで取り上げるINDOCHINOは、男性向けスーツを手掛けるD2Cブランドです。

インドチーノの手掛けるメイド・トゥ・メジャーサービス

INDOCHINO（以下、**インドチーノ**）が手がけるサービスは、男性向けスーツであり、そのコンセプトは、「**Made To Measure（メイド･トゥ･メジャー）**」です。メイド・トゥ・メジャーが意味するのは、それぞれの顧客の体型に応じてサイズ、あるいは、ボタンの形状などをカスタマイズして、その顧客にあわせた一点モノを提供することにあります。

●メイド・トゥ・メジャーサービスのメリット・デメリット

一点モノはメリット・デメリットがあります。メリットは、言うまでもなく、顧客にとってはジャストサイズ、きちんとサイズがあったスーツを仕立てることができることです。とくに、インドチーノの本拠地の米国は体型にばらつきがあり、ジャストサイズのスーツはニーズがあると言えます。

一方、デメリットは、サイズを採寸し、カスタマイズするのは、コストがかかります。とくに、サイズを採寸し、それにあわせて型紙をつくり、職人が手縫いでスーツを仕立てる、ビズボークスタイルは、価格も30万円以上、納期も2～3か月と手間とコストがかかります。

●インドチーノによるカスタマイズ

もちろん、完全なメイド・トゥ・メジャーを実現するためには、顧客一人一人の型紙が理想的ですが、やはり、コストと手間がかかります。そこで、インドチーノでは、まず、スーツのパターンを決めます。そして、その決まったパターンのスーツをもとに、顧客のサイズを採寸し、そのサイズにあわせてカスタマイズ、そして、それを自社工場で縫製する**イージーオーダー方式**です。

具体的なカスタマイズを図4－12に示します。同社のスーツを購入するときは、肩のタイプ、胸ポケット、ボタンの数・色などをカスタマイズします。そして、カスタマイズで大事な点は、体型に合うことです。決まったサイズの既製服ではないオーダーメイドのスーツなので、体型に合わせることが重要な要素になります。

図4－12 インドチーノのメイド・トゥ・メジャー

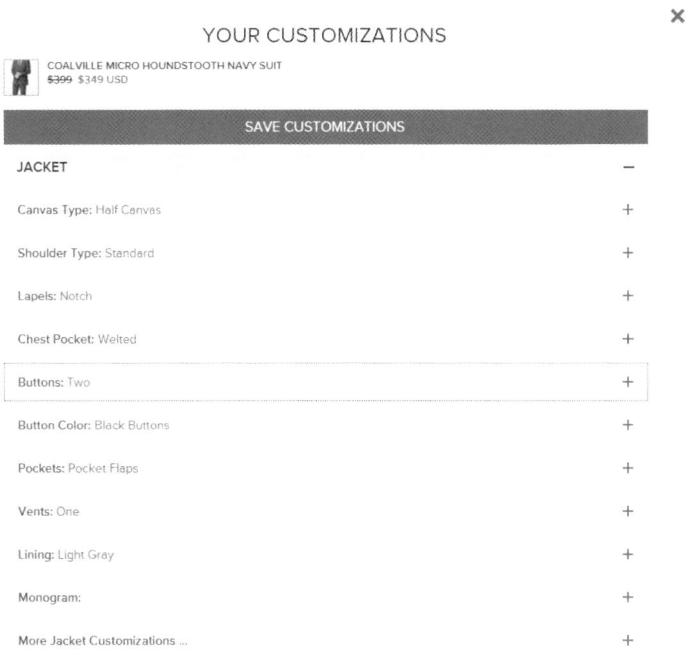

YOUR CUSTOMIZATIONS
COALVILLE MICRO HOUNDSTOOTH NAVY SUIT
~~$399~~ $349 USD
SAVE CUSTOMIZATIONS
JACKET
Canvas Type: Half Canvas
Shoulder Type: Standard
Lapels: Notch
Chest Pocket: Welted
Buttons: Two
Button Color: Black Buttons
Pockets: Pocket Flaps
Vents: One
Lining: Light Gray
Monogram:
More Jacket Customizations ...

インドチーノ式カスタマイズのメリット

完全なメイド・トゥ・メジャーではなく、あるスーツのパターンにあわせてサイズ等をカスタマイズするインドチーノのスタイルのメリットは、やはり、コストです。同社のスーツの平均価格はおよそ500USドル（1ドル103円換算で51,500円）でビズボークスタイルに比べると安価なコストでメイド・トゥ・メジャーのスーツを仕立てることができます。

●オンラインでの採寸

そして、スーツを顧客ごとにピッタリした体型にあわせるために必要なのが**採寸（メジャー）**です。そして、採寸する方法として、同社では、**オンライン**と**オフライン**の2つの手段を提供しています。

まずは、オンラインでの採寸です。オンラインでの採寸は、図4－13に示すようにビデオのガイド付きで身長、体重、年齢、首周り、肩幅、胸囲、足の長さなど18項目にわたって、採寸し、アップロードします。そして、顧客はその採寸データを送信、会社で矛盾がないかを確認の上、生地の選定、オーダーをします。

図4－13 インドチーノのオンラインメジャー

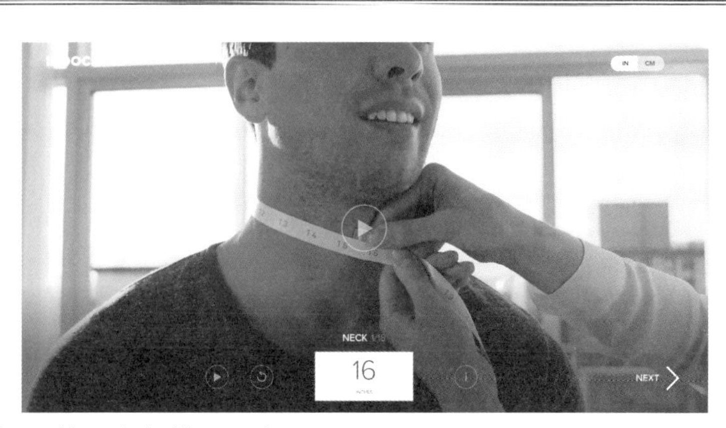

出所：https://www.indochino.com/measurements

●オフラインでの採寸

もう一つの手段がオフラインです。同社では、北米を中心に50以上のショールームを出店しています。ショールームの目的は、自社製品を販売することではなく、顧客との接点を増やすことです。

ショールームでのスタッフの役割は、売上のノルマを抱えた販売員ではありません。むしろ、顧客の体に合わせた採寸など、顧客にダイレクトに向き合う**カスタマーサポート**の役割であり、ビジネスモデルとしては、オンラインで収益を上げ、オフラインで顧客と向き合う「**クリック＆モルタル（クリックと店舗）**」であり、4－1「ヘッドレスコマースで躍進をはかるビッグコマース」で触れたヘッドレスコマースとも親和性の高いビジネスモデルです。

●ショールーム設置のメリット

こうしたあえてショールームまで設置するメリットは、顧客との接点、より質の高い顧客体験の提供にありますが、もう一つメリットを挙げるとすれば、やはり、**顧客データの収集**と言えそうです。この具体的な顧客データは、顧客の体型に関する情報です。とくに、米国の場合、体型に個人差があり、一度、体型をメジャーしておけば、次の機会にも利用する、いわゆる、**カスタマーリテンション（顧客維持）**となります。

●採寸データ収集のメリット

くわえて、こうしたデータを集積することによって、どういった種類のスーツが売れているのか、あるいは、体型との紐づけも可能になります。すなわち、こうしたデータを収集することによって、ますます、インドチーノの競争力が上がると考えられます。

インドチーノが取り扱うスーツは、前節のキャスパーが取り扱うマットレスと異なり、単価もおよそ半分の500ドル、そして、輸送もマットレスほどコストがかかるわけではなく、むしろ、ワービー・パーカーのメガネに近いかもしれません。もちろん、スーツは、大きな市場ではありますが、**顧客とダイレクトにつながることで顧客のニーズを見据えてさらに拡大**する、ここにインドチーノのD2C戦略の核心があります。

インドチーノの次の一手　ウェディング

そして、インドチーノの次の一手が**ウェディング**です。ウェディングといっても、自社でウェディングをプロデュースするわけではありません。一言でいえば、ウェディング用ジャケットを提供することです。とくに、米国の場合、ウェディングにおいて、男性はグルームズマンという新郎をサポートする役割があります。通常、新郎の親しい友人数名がこの役割を担いますが、グルーズマン同士で米国では衣装を揃えるしきたりがあります。

●同じスーツを体型にあわせてカスタマイズ

人それぞれ体型に個人差はあるものの、同じ衣装を揃える必要があるケース、インドチーノはこうしたニーズを応えることができます。具体的には、図4−14左のように、まずジャケット、シャツ、ポケットチーフを用意します。この場合は1.ブラックスーツ（499ドル）、2.シャツ（99ドル）、3.ポケットチーフ（39ドル）の組み合わせが、Groom's Outfit（グルーズマンの装い）となっています。

そして、図4−14右のように、グルームズマンのメンバー、4名に対して、名前とメールを記載して、各4名がグルームズマンのスタイルについて、各自、グルーズマンの装いということで、衣装のスタイルは同じですが、体型は異なると想定できるので、ジャケット、シャツを自分の体型にあわせてカスタマイズします。

図4−14　インドチーノが提供するウェディング

https://www.indochino.com/account/party-planner

●インドチーノの今後

このウェディングは、小さな試みではありますが、ユニフォーム、制服など同じデザインの服を体型にあわせてカスタマイズするというニーズはほかにもありそうです。同社は、株式を公開していないので、財務内容等については開示していませんが、こうしたウェディングなどスーツの周辺領域への展開、そして、現状では北米が中心ですが、三井物産が出資していることもあり、将来的には日本を含めた海外への展開、こうした展開が今後視野に入りそうです。

4-5 ユミ ベビーフードのD2Cブランド

これまではメガネ、マットレス、スーツといったアパレルに関連するD2Cブランドでしたが、本節ではベビーフードを提供するYumiを紹介します。

ユミの提供するベビーフード

Yumi（以下、**ユミ**）が提供するのは図4－15に示すベビーフードです。一言にベビーフードといっても、様々な種類があります。

図4－15　ユミが提供するベビーフード

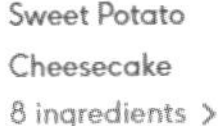

ユミにおいて、その種類は、**ステージ**によって分類されます。ステージは、赤ちゃんが生まれてから生後10か月までの間、以下の4つのステージに分類できます。

ステージ1（生後4～6か月）：カリフラワー、ほうれん草、ビーツなどの1種類の食材をピューレ上にした1種類のスムージーのベビーフード
ステージ2(生後7か月):3種類の豆のスープ、アップルパイなど複数の食材のピューレのベビーフード
ステージ3（生後9か月）：ビート、フムスなど複数の食材を粒上にしたベビーフード
ステージ4（生後10か月）：砕いたキヌアなど食感が残るベビーフード

●ベビーフードのシンプルな価格体系

こうしたシンプルな体系で提供するユミのベビーフード、価格体系もシンプルです。図4－16に示すように、食事の回数（1～3回）と週次・月次との組み合わせです。1日1回の場合の週次の価格は35ドル(3605円)、月次で112ドル(11536円)、初回利用の割引キャンペーン、ポイントをためて商品に交換するリワードプログラム等もありますが、いずれにしてもシンプルな商品・価格であることは間違いありません。

図4－16 ユミの価格体系

ユミの創業の「おもい」

では、なぜ、こうしたシンプルなビジネスを立ち上げたのでしょうか？これは同社の思いによるところが大きいと言えます。同社の創業者であるアンジェラ・スザーランド氏は、自身が妊娠した際、子供に与える食事を徹底的に調査し、その結果、生後1000日までに摂取した栄養素が大きな生育に大きな影響を与えるという科学的根拠に辿りつきました。

しかしながら、スーパーで販売されているベビーフードは、栄養素が十分考慮されているわけでもなく、100%オーガニックでもない。であったら、自分たちで新しいベビーフードを企画して、作って、配達する仕組みを作る、こうした背景からユミは誕生しました。

「おもい」とビジネスのスケールをどうバランスをとるか

D2Cに話を戻します。おそらく、ユミは、D2Cビジネスを立ち上げるために、ベビーフード宅配を始めたわけではないでしょう。むしろ、自分たちの「おもい」をかたちにして、それを直接届けたい、結果的に、自社で企画して、作って、配達する、いわゆる、D2Cビジネスと呼ばれるようになったと言えます。

ベビーフードは冷凍もできるのである程度日持ちはしますが、やはり、生ものであるため、提供範囲にどうしても制限がかかります。すなわち、「おもい」を実現しながらも、ビジネスとしてスケールさせる、このバランスはとても難しいと言えます。もちろん、これまで触れたユニクロのSPAのように、自社で大規模に素材を調達し、それを自社で製造し、自社で販売する、これは不可能ではありません。この「おもい」とスケールをどうバランスをとるか、ユミの次の挑戦と言えるのではないでしょうか。

4-6 ヤットセン 中国の化粧品D2Cブランド

1－7節のインフルエンサーマーケティングで触れたように中国ではアリババのTモールを中心としたECが基盤となり、多くのD2Cブランドが誕生しています。そのなかで、もっとも勢いがあるのは、パーフェクトダイアリーです。

パーフェクトダイアリーを運営するヤットセン

パーフェクトダイアリーは化粧品のブランドの一つでそのブランドを統括しているのが逸仙控股（Yatsen Holding、以下、ヤットセン）です。同社は、2020年10月米国ニューヨーク証券取引所にIPOを申請、1億ドル（103億円）調達で話題になっています。

ヤットセンが展開するメインのブランドが**パーフェクトダイアリー**（完美日記）です（図4－17）。パーフェクトダイアリーのコンセプトを一言で表せば「**中華メイク**」と言えます。中華メイクとは、日本ではトレンドであったナチュラルメイクとは真逆で、キッチリ決めるメイクで、赤いリップ、強めのアイメイクが特徴です。サイボーグのような完璧（パーフェクト）さからチャイボーグとも呼ばれます。

図4－17　ヤットセンが運営するブランド　パーフェクトダイアリー

●D2Cブランドで成功したパーフェクトダイアリー

この中華メイクの火付け役となったのがパーフェクトダイアリーです。パーフェクトダイアリーとして販売を開始したのは2016年、欧米の大手化粧品メーカーのロレアルの創業が1909年、2020年から111年前、日本の大手化粧品メーカーの資生堂の創業が1927年、同様に83年前と軒並みほかの化粧品メーカーが長い歴史をもつなかで、パーフェクトダイアリーはわずか5年足らずの歴史です。

そして、この5年足らずの歴史で中国においてヤットセンが大手化粧品メーカーにまで成長した要因は、やはり**D2Cのビジネスモデルが上手くフィット**したと言えます。

●ヤットセンのビジネスモデル

同社のD2Cのビジネスモデルを図4－18に示します。前述のロレアル、資生堂といった化粧品メーカーとの違いは、**テクノロジーとデータを用いて化粧品という「情報」を販売する点**にあります。

図4－18 ヤットセンのD2Cビジネスモデル

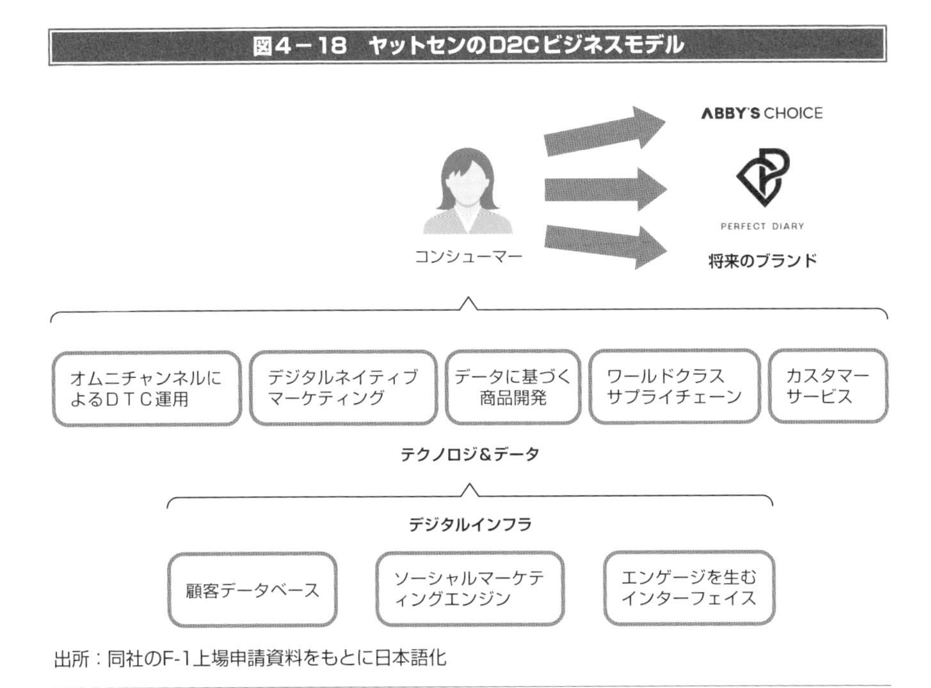

出所：同社のF-1上場申請資料をもとに日本語化

パーフェクトダイアリーのKOLマーケティング

テクノロジーとデータの主な構成要素としては、これまで触れてきたSNSとECです。まず、SNSでは、これまで触れたインフルエンサーマーケティングである**KOL（Key Opinion Leader）**が中心です。具体的には、図4－19のように、KOLは実際に存在しないバーチャルのコミュニティマネージャーである小完子（シャオワンズ）です。

小完子は、SNSアプリWeibo上において新製品やセール品の紹介・告知にくわえて、複数の小完子がWeChatのグループチャットに購入者を招待し、購入者の商品に対する感想、質問といった顧客の声を取り込み、そうしたフィードバックを商品開発に取り入れる仕組みです。グループチャットはシンプルな仕組みではありますが、顧客のフィードバック&ユーザコミュニティの育成という点では強力な仕組みと言えます。

図4－19 パーフェクトダイアリーのバーチャルKOL 小完子

●Z世代へのアプローチはSNSが主流

とくに、パーフェクトダイアリーが対象としているのは、2−7「D2Cのビジネスモデル　Z世代　コンシューマー世代の変化」で触れたZ世代です。日本でもソーシャルネイティブのZ世代にターゲットとして、デジタル媒体へのシフトが進んでいることを指摘しましたが、Z世代のインパクトでは中国の方が大きいと言えます。

中国の場合は、Z世代の数も特出しており、1.74億人がZ世代です。そして、Z世代はスマホでのSNS、ECがデフォルトであり、こうしたパーフェクトダイアリーのアプローチはある意味自然な流れでもあります。

●体験ストアによるオフライン・オンラインの一貫した体験

ECという観点では、パーフェクトダイアリーは2017年にアリババが運営するECサイトTモールに出店、2018年、Tモールの99セールイベントにおいて化粧品カテゴリで売上高1位とTモールから同社はスタートしました。そして、2019年1月、より質の高い顧客体験を提供すべくオフラインの体験ストアをオープンしました。

体験ストアの目的は、オンラインでの顧客に実際にブランドを試してもらうことであり、実際の商品の体験ならびにビューティーアドバイザーによるアドバイス等が可能で、オンライン・オフラインが一貫した体験を提供します。

こうしたヤットセンのSNSによる顧客とのコミュニケーション、オンライン・オフラインでの体験、これが4年という短期においても大手化粧品メーカーと肩を並べるポジションになりえたと言えます。そして、このデータならびにテクノロジーによる「情報」としての化粧品の販売はスケールしやすいのが特徴です。

複数ブランドによる成長戦略

ヤットセンの主力ブランドは、これまで触れたパーフェクトダイアリーですが、一つのブランドでは成長に限度があります。そして、このデータならびにテクノロジーという同じ基盤を活用して、ヤットセンではスキンケアのブランド「Abby's Choice（アビーズチョイス）」、そして、リップのブランド「Little Ondine（リトルオンディーヌ）」を立ち上げ、くわえて、2020年10月にはフランスの化粧品メーカーであるピエール・ファーブルから化粧品ブランド「Galenic」を買収、データとテクノロジーの活用というパーフェクトダイアリーでの「勝ちパターン」を他のブランドにも展開し、成長する戦略と言えます。

●ヤットセンの業績

こうした複数ブランドへの展開の効果は会社の業績に反映されます。図4－20に示すように、同社の2018年の売上高は6.3億元（1元15.6円換算で99.1億円）、2019年（1月～9月までの9か月決算）は18.8億元（同204億円）、2020年（2019年同様9か月決算）は327億元（同510億円）と大幅に売上高が伸長しています。2020年は、オフライン体験ストア等のコストがかさみ赤字ですが、こうした顧客を中心として、データならびにテクノロジーによって「情報」としての複数のブランドの化粧品を販売する、ヤットセンの飛躍は続きそうです。

図4－20　ヤットセンの売上高、営業損失推移（単位：千元）

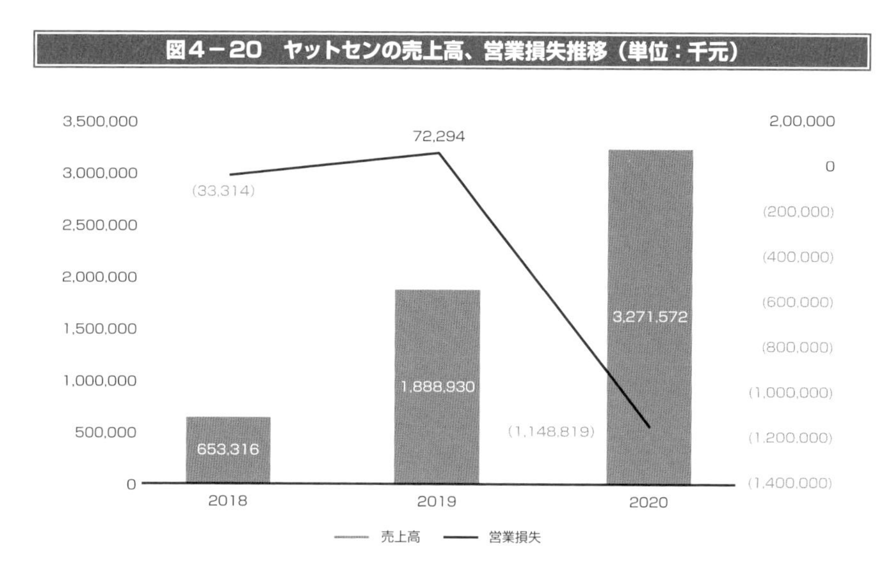

第4章まとめ

第4章では、世界のD2C企業について取り上げました。企業の規模が大きい会社、小さい会社様々であり、そのなかでも顧客を中心に商品を提供するという点では共通しています。

●4−1　ヘッドレスコマースで躍進をはかるビッグコマース

これまで触れたマルチチャネルECプラットフォームであるショピファイを追従するのがビッグコマースです。同社では、オフライン・オンラインを問わずどんな「頭」でもECプラットフォームに接続できるヘッドレスコマースを提供します。

●4−2　ワービー・パーカー　メガネのSPA

ワービー・パーカーは、メガネを自社製造・販売するD2Cブランドです。これまで分業により高くなっていたメガネを顧客目線で安く、ファッショナブルに提供しています。

●4−3　キャスパー　睡眠のD2Cブランド

キャスパーは、睡眠とくにマットレスを直接顧客に販売するD2Cブランドです。主力のマットレス自体は単価が高いかつ耐久年数が長いため、どう収益を拡大するかが課題となっています。

●4−4　インドチーノ　オーダーメイドスーツのD2Cブランド

インドチーノは、北米を中心にオーダーメイドスーツを提供します。オフライン・オンラインで採寸し、ジャストフィットのスーツを提供します。

●4−5　ユミ　ベビーフードのD2Cブランド

ユミは、ベビーフードを宅配するD2Cブランドです。市販のベビーフードは、栄養素が偏っているなど、十分でないことに創業者が目をつけ、自社のシェフが製造した栄養素十分なベビーフードを北米中心に宅配します。

●4−6　ヤットセン　中国の化粧品D2Cブランド

　ヤットセンは、自社で化粧品を製造・販売する中国のD2C企業です。その代表的なブランドはパーフェクトダイアリーでZ世代向けに映える化粧品を提供、顧客のニーズをくみとり、「情報」としての化粧品を販売します。

第5章

日本のD2C企業

第４章では、世界のD2C企業として、米国のビッグコマース、ワービー・パーカー、キャスパー、インドチーノ、ユミ、そして、中国のヤットセンを取り上げました。本章では、こうした流れを踏まえて、日本のD2C企業について取り上げます。

5-1 流通取引金額の拡大が止まらないBASE

最初に紹介するD2C企業がBASEです。BASEは、最近、テレビCMでも積極的にアピールしているので、ご存知の方も多いのではないでしょうか。

BASEの堅調な株価

BASEは、日本の新興企業が上場する株式市場であるマザーズ市場に2019年10月に上場しました、上場時の終値1333円から株価は大幅に上昇（図5－1)、2020年12月17日の終値は9180円と6.8倍近く上昇しています。何が同社の株価を押し上げたのか、見ていきましょう。

図5－1　BASEの株価（単位：円）

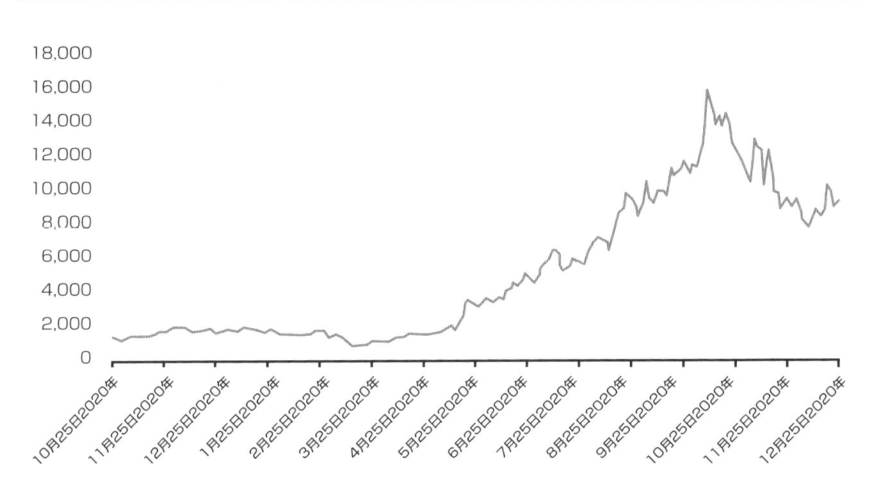

●BASEのミッション

BASEのミッションは、**「Payment to the People, Power to the People.」（決済手段を人々に、パワーを人々に）**とあるように、2012年の創業以来、個人あるいは小さなチームに対して決済およびEコマースのソリューションを提供、それによって、個人・チームが力をつけて、強くなる、こうしたミッションの実現を目指します。

●ミッションを実現する3つのソリューション

こうしたミッションを実現するため、BASEでは図5−2に示す3つのソリューションを提供しています。

1. **PAY ID（個人向け決済サービス）**：購入者は、PAYIDのスマホアプリをインストールし、IDならびにクレジットカード番号を登録します。そして、PAYID対応したQRコードを読み取ると自動的に決済ができる仕組みです。
2. **PAY.JP（法人向けオンライン決済サービス）**：PAY.JPは、法人おもにスタートアップ企業向けにオンライン決済サービスを提供します。オンライン決済サービスは、一言でいえば、企業が購入者に対して決済を提供する仕組みです。たとえば、ある企業が自社製品を販売したい場合、その決済システムを自社で開発するのは手間がかかります。その手間をBASEがオンライン決済サービスを提供することで、企業は簡単に決済機能を組み込むことができます。そして、利用料について基本月額固定料金ではなく、決済金額に応じて企業に課金する仕組みです。
3. **BASE（個人、法人向けEコマースプラットフォーム）**：BASEは、個人ならびに法人向けに**Eコマースプラットフォーム**を提供します。Eコマースプラットフォームは、一言でいえば、ネットショップであり、これまで触れたショピファイやビッグコマース同様に商品登録、注文管理、在庫管理、決済といったECに必要な機能を提供します。

図5－2　BASEの提供するサービス

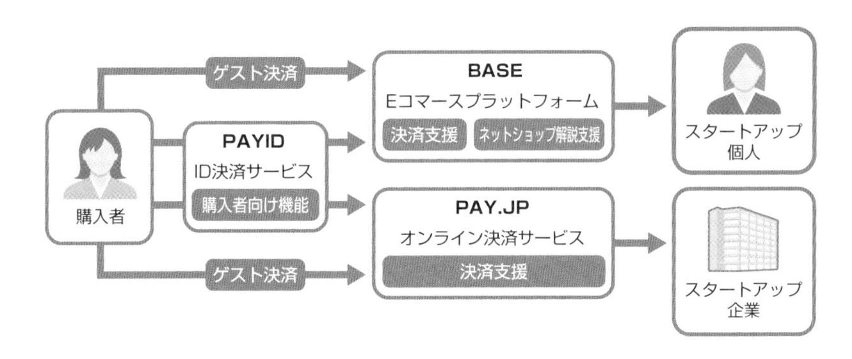

出所：会社資料

BASEのEコマースプラットフォーム

D2Cという観点では、EコマースプラットフォームのBASEがいわゆるマーチャントに相当します。具体的には、2－4「新しいマーチャント　ショピファイのビジネスモデル（1）」で触れたように、さまざまなプレイヤーがECを展開しています。そして、そのプレイヤーは、はじめてECに取り組む個人・スタートアップ企業からECを主体とするブランド企業まで多種多様です。そして、その多種多様を分類すると、おおむねどれだけ商品が流通・販売されたかの指標である**流通取引金額**（GMV：Gross Merchandising Volume）で比較します。

●BASEのポジショニング

GMVという点では、図5－3のように逆ピラミッドになります。すなわち、個人・スタートアップの数は多いですが流通取引金額は少ない、一方、ブランド企業の流通取引金額は大きいですが、企業数は少ない構造です。そのなかで、BASEが対象とするのは、はじめてEC、ネットショップを手掛けるような**エントリーレベル、個人・スタートアップ**が対象です。したがって、ショピファイのようにすべてを対象ではなく、エントリーレベルにむけた「わかりやすい」Eコマースプラットフォームを提供します。

図5－3　BASEのポジショニング

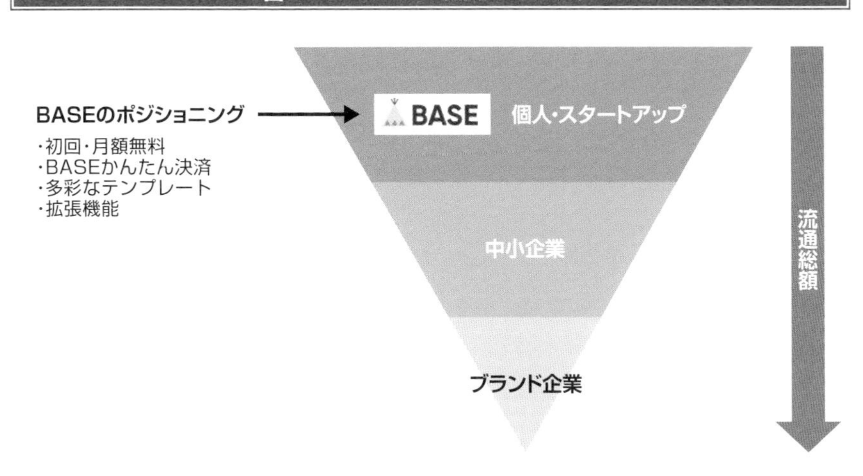

●BASEが提供する3つのEコマース機能

エントリーレベルが対象であるために、以下のわかりやすい料金体系、簡単な決済ならびにショップ運営方法を提供します。

1. **料金**：初期費用・月額費用が無料、販売額に応じて手数料を徴収します。その手数料は、決済金額の6.6%+40円。決済金額が大きくなると、その手数料は増えますが、少額決済の場合、手数料の負担はわずかなものです。
2. **決済**：BASEかんたん決済により容易に決済が可能であり、もともと、同社は決済事業を手掛けているので、競争力がある分野でもあります。
3. **ショップ運営**：テンプレートにより多彩なネットショップの運営が可能となり、ショップオーナーはSNS等で自ら集客を行いながら、商品を販売します。そして、ショップ運営の大半は1名（構成比55.6%）であり、ほぼ一人で運営可能なエントリーレベルと言えます。

具体的な「わかりやすい」ショップ運営について、図5−4にBASEの管理画面を示します。個人・スタートアップ企業は、BASEにショップを開設します。そして、自社ショップで、商品を掲載する（商品管理）、デザインをテンプレートから選択する、顧客からの注文を管理する、売上のお金を管理、顧客の管理と基本的に必要最小限のシンプルな仕組みです。

図5－4　BASEのショップ管理画面

巣籠消費で拡大する流通総額取引金額

　こうしたシンプルな仕組みながらも、やはり、昨今のコロナ禍による巣籠り消費、EC拡大は、BASEにとって大いなる追い風です。実際に、図5－5に示すように、新型コロナウィルス感染拡大防止のため非常事態宣言が発令された2020年4月～6月について、日本中でECを生活の中心とした巣籠り消費が顕在化、同社のBASE流通取引金額も前年同期の104億円から310億円の約3倍に急拡大しました。その後はいったん巣籠り消費は落ち着き、2020年7月～9月には253億円まで減少するもの、前年同期（2019年7月～9月）112億円からくらべれば倍以上の水準となっています。

図5－5　BASEの四半期別流通取引金額の推移（単位：億円）

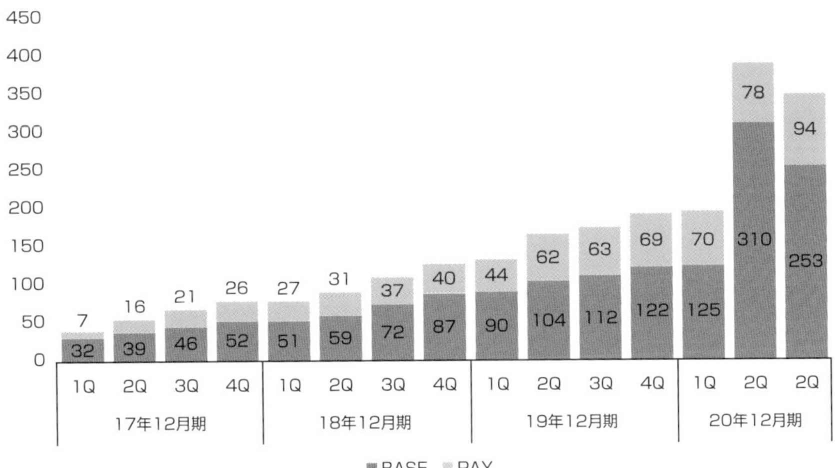

出所：会社資料

●食べ物・飲み物が流通取引金額を押し上げる

この流通取引金額が3倍に拡大した内訳を図5－6に示します。同社のメインのカテゴリは、2019年12月期2Q実績で流通総額の56%を占めるファッションです。ファッションは、洋服であったり、ちょっとしたアクセサリであったり、一人で運営するには向いているカテゴリのこともあり、BASEの主力はファッションです。

一方で、2020年12月期2Qでは、ファッションも全体に占める割合がやや低下（43%）し、それにかわって食べ物・飲み物の比率が大幅に上がりました（2019年12月期Q2 4%→2020年12月期Q2 18%）。

図5－6　カテゴリ別流通総額の推移

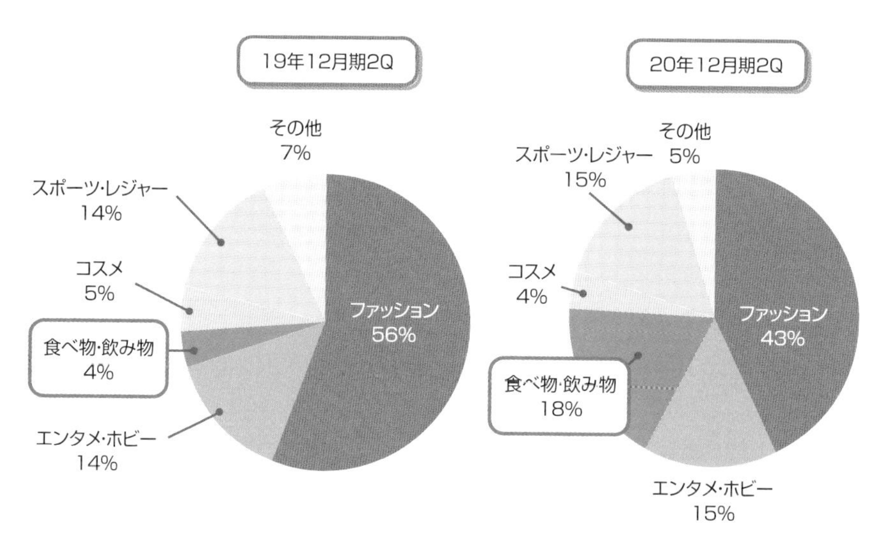

●D2Cブランドをどう育成するか？

冒頭のBASEの堅調な株価は、上述したようにコロナ禍のステイホームの恩恵を受けたことによる流通取引総額の大幅な上昇、業績の拡大と言えます。実際に、緊急事態宣言が終了した後、やや流通取引金額が減少しているのは、この証左とも言えます。もちろん、こうしたEC化の追い風は続くとみられますが、ポイントは、店舗を運営する個人・スタートアップをどう維持確保するかと言えそうです。

これまで触れたように、D2Cのポイントは、ブランドの確立、そして、コンテンツという情報を売ることです。そうした観点において、「ステイホームだからネットで食品・飲料を買った」という話では、店舗は長続きしません、むしろ、「この店舗だからこそ」というブランドを確立、そうした仕組みをBASEとしても提供することが、同社の流通取引金額のさらなる拡大につながると言えそうです。

5-2 次の壁に直面する TOKYO BASE

TOKYO BASEは、主に日本で自社アパレルを製造・販売するいわゆるD2Cブランドです。

TOKYO BASEのはじまり

TOKYO BASEのスタートは2008年、同社代表の谷正人氏が当時所属していたデイトナ・インターナショナルにおいてセレクトショップ「**STUDIOUS**（以下、**ステュディオス**）」を立ち上げ、そのステュディオスを事業譲渡により谷氏が引き継ぐ形でスタートしました。

●ステュディオスのコンセプト

ステュディオスのコンセプトは**TOKYOブランド**です。TOKYOブランドとは、おもに日本の服飾デザイナーが東京をコンセプトにした衣服であり、たとえば、読者モデル出身の松本恵奈氏が立ち上げた女性向けに長く愛用できるブランド「CLANE」（クラネ）あるいは、大人のためのモードスタイルである「UN3D.」（アンスリード）などがTOKYOブランドの代表例です。

ユニクロのようにターゲットが、老若男女だれでも気楽に着用できるというコンセプトではなく、ファッション性を重視しており、ターゲットは20～30代のファッション感度の高い世代であり、ターゲットを絞る分、平均単価は高めであり、実店舗での平均単価は2.1万円です。

●ステュディオスのターゲット

平均単価2.1万円は高いと思うかもしれません。同社のターゲットは、ファッションにお金を使うことを厭わない、いわば、ファッションオタクであり、そうしたターゲットに対して、流行のデザイナーブランドを提供します。

デザイナーブランドという点では、図5-7に示すMIHARA YASUHIRO（ミハラヤスヒロ）が代表例です。素材とデザインにこだわったシューズ、ウェア等をステュディオス上で販売しています。販売価格はコートなどになると15万円程度で、ユニクロに比べたら圧倒的に高い価格になっています。

●アジアからのインバウンドがコロナ禍前は成長ドライバ

くわえて、ファッションオタクは日本に限らず世界に存在します。とくに、近年では、グローバルとくにアジア・中国においてTOKYOブランドの認知度が高まりました。そして、コロナ禍以前は、アジア・中国から気軽に日本へ旅行することができたため、アジア・中国系からのインバウンドがステュディオスの有力な顧客となっていました。さらには、同ブランドは香港、上海、北京、深圳と中国に出店し、中国でTOKYOブランドを発信する役割も担っています。

図5－7　ステュディオスが取り扱うTOKYOブランド　ミハラヤスヒロ

顧客層を広げたブランド：ユナイテッドトウキョウ

ステュディオスは、おもに20代向けに新しいモードに敏感なファッションオタクが対象でした。とはいうものの、やはり、この層の取り込みだけでは、限度があります。そして、その対象を広げたブランドが**UNITED TOKYO**（以下、ユナイテッドトウキョウ）です。

ユナイテッドトウキョウのコンセプトは、「日本の伝統的な技術をベースに、東京の研ぎ澄まされた感性で創り上げる。新たなTOKYO CONTEMPORARY BRAND」です。この特徴は、まずステュディオスで触れたTOKYOブランドですが、同じコンセプトではステュディオスと重複してしまいます。

●ユナイテッドトウキョウのコンセプト

そのなかで、ユナイテッドトウキョウのコンセプトは、ステュディオスが前述のように主に20代のファッションオタクにターゲットを絞っているに対して、ユナイテッドトウキョウは、20～40代と広い世代を対象とします。

そして、そのブランドのこだわりは、メイド・イン・ジャパンです。日本製にこだわり、日本の各地の素材を用いて、生産地は都道府県別に表記します。通常のアパレルの原価率が10～30%に対してユナイテッドトウキョウでは、原価率50%を目安としており、高品質でかつリーズナブルな価格で提供します。

●ユナイテッドトウキョウでのノウハウを生かした新ブランド：パブリックトウキョウ

そして、ユナイテッドトウキョウで培ったノウハウをベースとして2018年立ち上げた新しいブランドが**PUBLIC TOKYO**（以下、パブリックトウキョウ）です。パブリックトウキョウのコンセプトは、トウキョウカジュアルブランド、上質な素材を利用して10年着用しても愛用できるベーシックアイテム「極　エバークリース」（図5−8）など、高品質×カジュアルで20～40代の広い世代を取り込みます。

図5－8 パブリックトウキョウの「極 エバークリース」

PUBLIC TOKYO

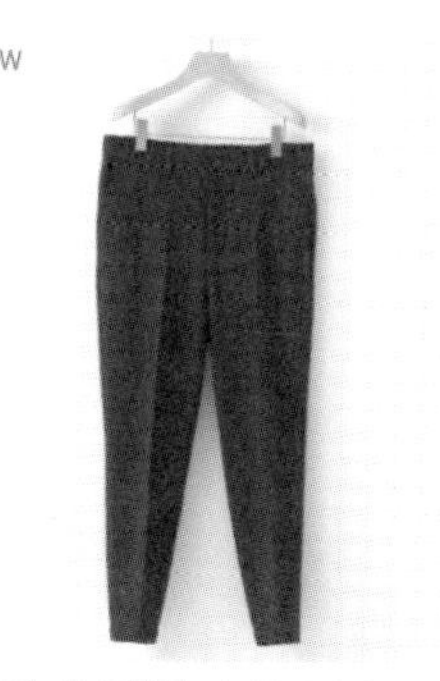

●パブリックトウキョウとユナイテッドトウキョウの違い

パブリックトウキョウの価格帯は、ユナイテッドトウキョウと同じ価格帯で、ジャケットが3万円代、シャツが1万円代、パンツは1万円代が中心であり、価格帯は両ブランドともに大きな違いはありません。

違いがあるとすれば、テイスト、パブリックトウキョウの場合は、上質な素材を利用して長く日常的に着用できるカジュアルウェアを志向、一方で、ユナイテッドトウキョウは、非日常のモードを志向しており、日常・非日常で住み分けがされています。

D2CブランドとしてのTOKYO BASE

ステュディオス、ユナイテッドトウキョウ、パブリックトウキョウ、いずれのブランドも共通しているのが、自社で企画・製造委託をして、自社店舗・ECで顧客に販売している、いわゆる、**D2Cブランド**であることです。そして、自社でこだわり企画をすることで、価格はやや高いものの、クオリティの高い製品を製造販売することが可能となります。

●D2CブランドとしてのTOKYO BASEのポジショニング

さて、D2Cブランドという観点からTOKYO BASEについて考えてみます。

TOKYO BASEの3つのD2Cブランドは、他のD2Cブランドとどう違うのでしょうか？図5−9に同社のポジショニングを示します。ポジショニングの縦軸は**価格**、横軸は**カジュアル（定番）**、**モード（流行）**です。

図5−9　TOKYO BASEブランドのポジショニング

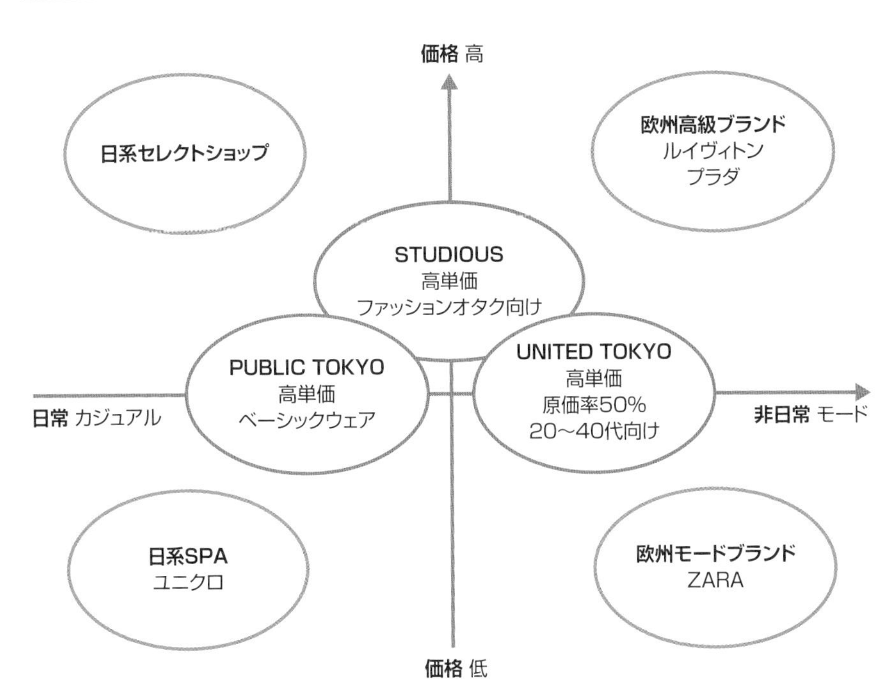

出所：会社資料をもとに筆者作成

●TOKYO BASEとユニクロ

本書でも何度か紹介したユニクロとの比較では、ユニクロは生活ウェアとの位置付けなので、カジュアルでかつ低価格という位置付けです。図5−9では低価格×カジュアルのポジションです。一方、TOKYO BASEの3つのブランドについて、ユニクロと異なるのが価格、ステュディオス、パブリックトウキョウ、ユナイテッドトウキョウいずれも平均単価は1万円を越えており、日常的に利用するカジュアルながらも品質にこだわるので、ユニクロよりは高価格という位置付けです。

コロナ禍で制限されたオフラインの体験をどうオンラインに展開するか

こうした点で、TOKYO BASEの展開するブランドは高価格の品質が高いブランドと言えます。そして、これらのブランドが今後も成長を続けることができるのでしょうか？このカギは、D2Cの深掘りにあるというのが筆者の見方です。

というのは、図5－10に示すように同社の2020年3～11月での売上高前年比は98.1%、実店舗では前年同期比87.7%です。これは、新型コロナウィルス感染拡大防止のための店舗休業によるところが大きく、2020年10月では111.2%まで戻っていますが、やはり、主戦場はECになっています。

図5－10　TOKYO BASE　2020年3月～11月売上前年比

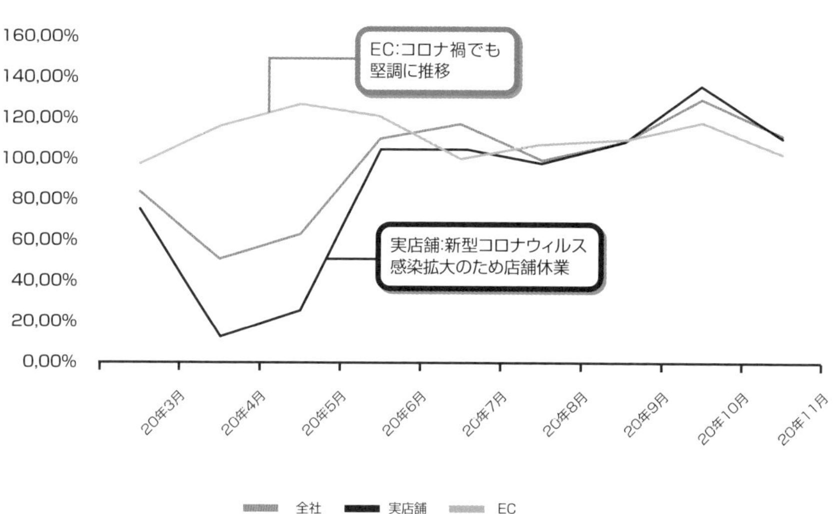

●ECの大半はZOZO経由での売上

そして、同社もECについてはコロナ禍でも堅調です。全体の売上に占めるECの割合は約50%、一部は同社のEC専業ブランドTOKYO DESIGN STOREもありますが、大半（2021年2月期第2四半期でのEC売上高29.1億円のうち21.5億円）がアパレルECであるZOZOによる売上です。ZOZOの役割は、マーチャントに相当し、TOKYO BASEがZOZO経由で販売する理由は、やはり「**売る力**」です。

とくに、ZOZOは、TOKYO BASEが対象とするファッションに興味のある利用者が多く、TOKYO BASEはターゲットとする利用者にブランドを販売できるメリットもあり、ZOZOにとっては販売手数料を徴収できるというお互いにメリットがあります。

●実店舗販売でのスーパースターセールス制度

このようにTOKYO BASEがECをZOZO経由で販売するのは、やはり、同社の売る仕組みがどちらかというと、実店舗の販売員に頼るところがあります。というのは、前述のように、同社のブランドは平均単価が2万円近いこともあり、単価が高いことが特徴です。

そして、こうした単価の高い商品を売る仕組みの一つが**スーパースターセールス制度**です。この制度は、一言でいえば、出来高払いであり、売上の10%が給与として還元される仕組みです。とくに、昨今のアパレル業界では、コスト削減のなかで、ショップ店員の給料も下がりモチベーションが低下しているなかで、「**売る仕組み**」という点で店員のインセンティブをあげています。

こうしたスーパースターセールス制度のように同社の売り方は実店舗で店員が商品の魅力を伝えて販売する方式で、ECはZOZOという住み分けに見えます。もちろん、ZOZOは有力なサイトであり、TOKYO BASEにとっては、「他の力」を借りるレバレッジではありますが、TOKYO BASEのデジタルでの「売る仕組み」も問われていると言えそうです。

●情報コンテンツとしてのアパレルへ

たとえば、ユニクロ、あるいは中国の化粧品D2Cブランドヤットセンホールディングスの場合、物理的には服、化粧品を販売していますが、むしろ、主戦場は「情報コンテンツ」であり、いわゆる、**製造「情報」小売業**です。たとえば、インスタ映えしている商品を思わずクリックするといった話です。

現状で、TOKYO BASEは、やはり、服を売ることがメインですが、今後、デジタルへのシフト、いわゆる、**デジタル・トランスフォーメーション**を迫られており、この壁をどう越えるかが、同社の今後の成長のカギと言えるでしょう。

5-3 ユーチューバーマーケティングで拡大するロコンド

D2Cの特徴の一つとして、モノを売るのではなく情報を売ることであることを幾度となく指摘しました。そのなかで、動画サービスであるユーチューブを活用してD2Cブランドを展開しているのがロコンドです。

ロコンドのビジネスモデル

ロコンドのビジネスモデルを図5－11に示します。ロコンドは、もともとのスターは、1.**EC（B2C）**であり、本書の定義ではマーチャントに相当します。

最初のビジネスモデルは、1.**FC（B2C）**です。言うまでもなく、実店舗とEC，その大きな違いは、実店舗では試着はできますが、ECではできません。ECで試着できるサービスを目指して自由に試着できる通販サイトLOCONDO.JPを2011年にオープンしました。

具体的な試着について、靴の出荷から14日以内のサイズ交換については無料、ならびに、同21日以内の返品無料をテコに取扱高を拡大します。2020年6月末時点で2648ものブランドを取りそろえる日本でも最大級のアパレルECサイトとなりました。

くわえて、同社の試着を支えるのが、物流です。同社では、ソフトバンクが出資する物流会社MagicalMove社が提供する物流サービスScatch！と提携、現状は、首都圏と配達エリアは限定されていますが、ファーストクラス便として、配送料390円（税別）で朝8時から夜24時まで2時間ごとに到着時刻を指定でき、14時までに注文すれば当日の20時までに配達が可能なサービスであり、これも利用者の敷居を下げる試みと言えます。

図5－11 ロコンドのビジネスモデル

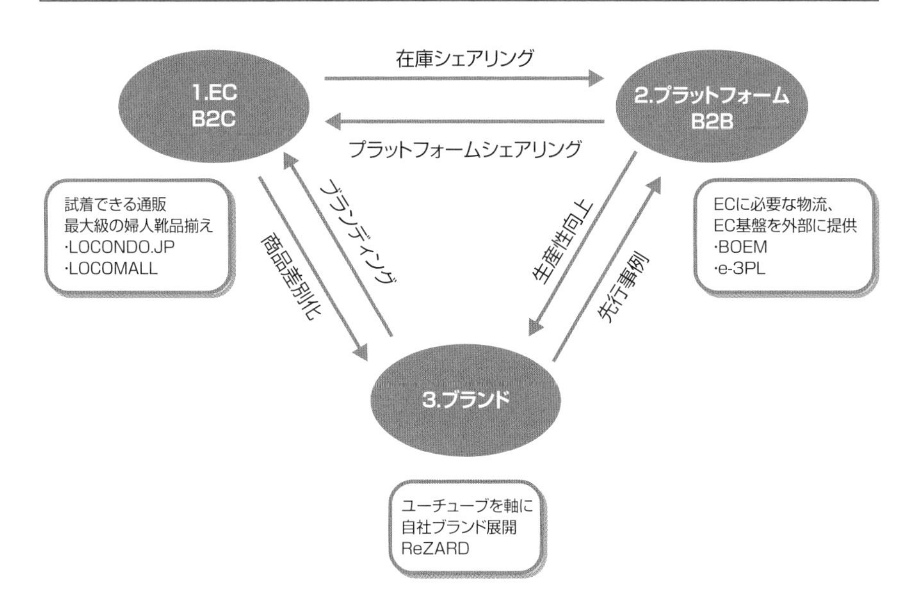

●ロコンドのECプラットフォーム

そして、このECサイトで培ったマーチャンダイジング、すなわち、ブランドを仕入れて、在庫管理をして、販売して、配送する、このマーチャントのノウハウを第3者に向けて提供する、これが2つ目のビジネスモデルである2.**プラットフォーム**です。

同社のプラットフォーム事業**BOEM（Brand's Official E-commerce Management）**は、LOCONDO.jp出展者向けに提供されるサービスで、初期費用·月額利用料はかからず、売れた分だけシェアをするレベニューシェアモデルです。

具体的なサービス内容としては、これまで紹介したショピファイ、ビッグコマースのような顧客管理、注文管理、商品ECプラットフォーム、それにくわえて、同社が自社で運用している自社倉庫LOCOPORTを活用し、入庫、出庫、返品管理といった**物流業務**e3PL（e サードパーティー ロジスティクス：第3者委託による物流）を提供します。

5－1「流通取引金額の拡大が止まらないBASE」では、手軽にECショップを利用できるBASEのサービスを紹介しました。ブランドが手軽にECショップを利用できるという点ではロコンドのBOEMとBASE共通点がありますが、やはり、BOEMの場合、物流まで踏み込んだサービスを提供している点は異なります。ブランドとしては、倉庫に商品を送れば、あとは、ネットで完結します。アパレルブランドにとっては、BOEMという「他の力」を借りるレバレッジとも言えます。

●ECとプラットフォームの相乗効果

同社のビジネスモデルである1.ECならびに2.プラットフォームは、とくにコロナ禍において相乗効果を発揮しているように見えます。具体的には、図5－12には同社のセグメント別商品取扱高推移を示しており、2020年4～6月について、1.ECについては、後述の自社ブランドも堅調なこともあり、前年同期比+39.4%、2.プラットフォームであるBOEMについては全体に占める割合は大きくはないものの（Q2構成比13.1%）、前年同期比+84.%と大幅に伸長しています。

図5－12　ロコンドセグメント別商品取扱高推移（単位：百万円）

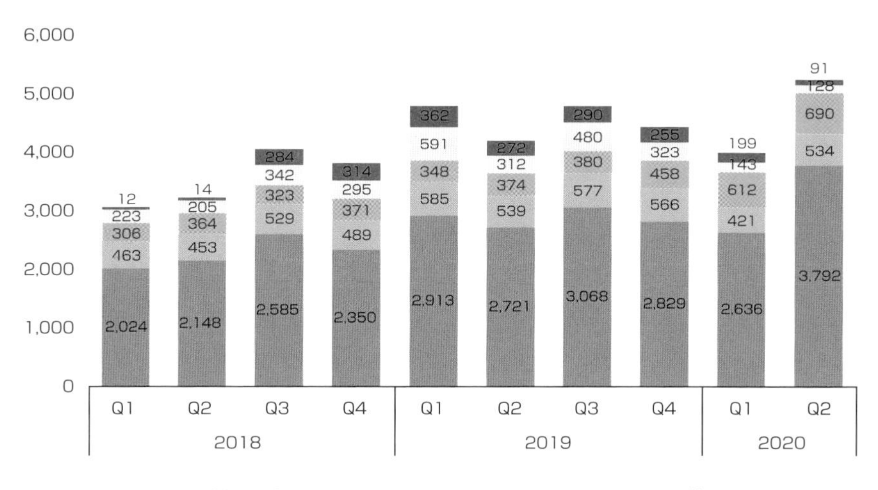

第3のビジネスモデル　ブランド

1.EC、そして、2.プラットフォームに次ぐ第3のビジネスモデルが3.**ブランド**です。

●広告によってサイトの認知を上げる

このブランドの起点は同社のテレビCMへのコストに起因します。もともと、同社の1.EC×2.プラットフォームのビジネスモデルは、図5－13のように起点は**ウェブ広告・テレビCMといった広告**です。この広告を起点として、認知度が向上し、ECサイトへの訪問者が増加し、1.EC事業の会員数増ならびにEC売上が上がります。

くわえて、ECサイトへの訪問者が増加することで、ブランドが高まり、出店者（ショップ）、在庫が増加。そうしたニーズを2.プラットフォーム事業BOEMで取り込みプラットフォーム事業の売上増加を図ります。

図5－13　EC事業×プラットフォーム事業のビジネスモデル

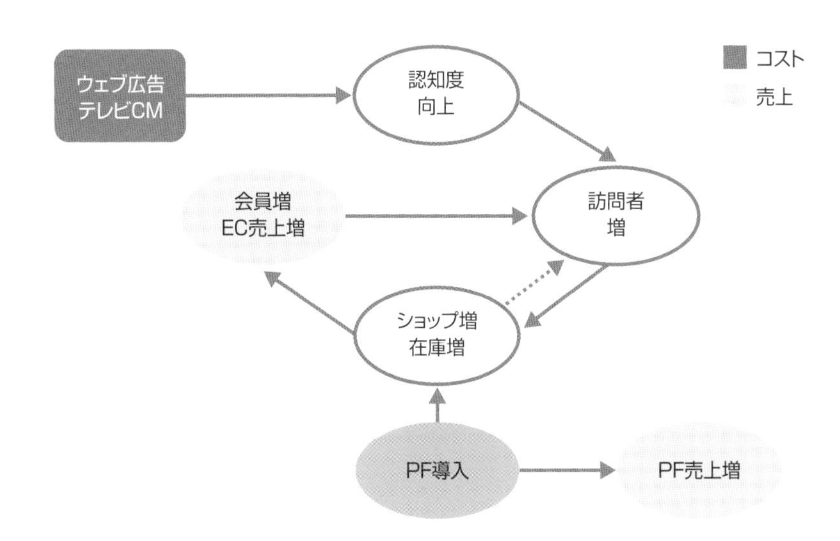

●ユーチューブによるブランド認知

こうしたウェブ広告・テレビCMを認知度向上の起点とする方法は、当然のことながら、コストがかかります。そこで、同社が注目したのが**ユーチューブ**です。実際に、2−7「D2Cのビジネスモデル　Z世代　コンシューマー世代の変化」で触れたように、ロコンドのメインターゲットである20代より下の世代のZ世代はテレビよりもユーチューブを好んで視聴する世代なので、ユーチューブとは親和性があります。そこで、テレビCMを起点とした認知を図5−14のようにユーチューブに置き換えます。

図5−14　ユーチューブを起点としたブランド認知

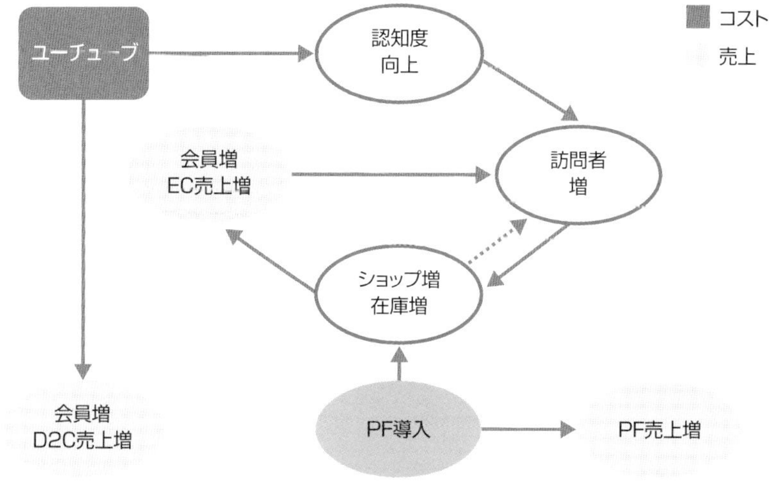

●ユーチューブマーケティングによるメリット　広告宣伝費の削減

起点をユーチューブにすることのメリットは、2つあります。まず一つは**広告宣伝費の抑制**です。図5−15に示すように、2018年、2019年、2020年の上期（1〜6月）での比較ではありますが、2020年上期はテレビCMを大幅に抑制したために2019年上期の広告宣伝費12億円から5.4億円とほぼ半減、ユーチューブの広告宣伝費は変動費用（Web）に計上されていますが、テレビCMが2019年上期5.1億円から2020年上半期に42百万円とおよそ10分の1の水準であり、その割合は微々たるものです。

図5－15　ロコンドの広告宣伝費推移（単位：百万円）

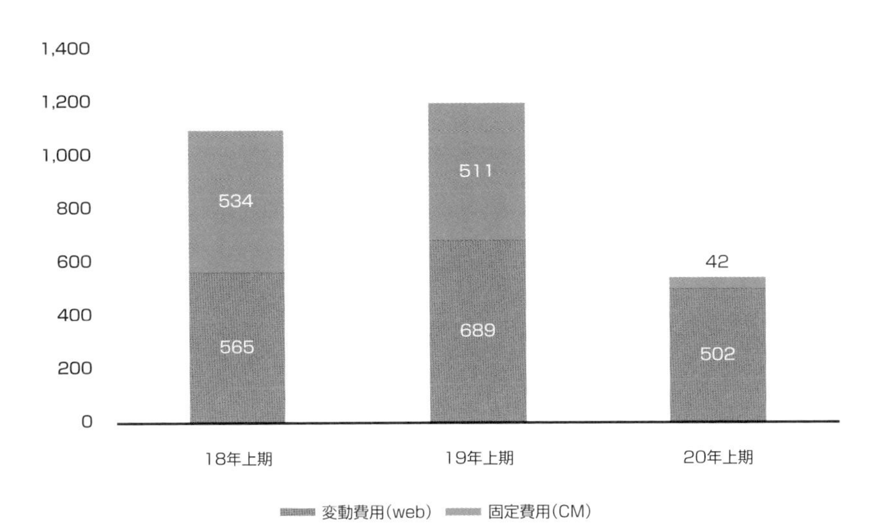

出所：会社資料をもとに作成

●ユーチューブマーケティングによるメリット　D2Cブランドによる売上増

くわえて、二つ目のメリットは、**売上増**です。具体的には、同社ではユーチューブで多くのフォロワー数を持つヒカルをクリエイティブディレクターとして2019年、D2CブランドReZARD（以下、リザード）を立ち上げます（図5－16）。

●D2Cブランド　リザード

これまで触れたように1990年代後半以降に生まれたZ世代は、テレビよりもネットに親和性がある世代です。そして、そのZ世代が好んで利用するサービスがユーチューブであり、そのユーチューブ上でもインフルエンサーであるヒカルを起用することは認知度の向上につながります。実際に、2020年4月に販売したコラボシューズは、噂が噂を呼び大ヒット、販売から17時間で4000万円もの売上をあげ、サーバがダウンする事態となりました。

図5－16 ロコンドのD2Cブランド リザード

ReZARD リザード

2019年に創設されたYouTuberヒカルがクリエイティブディレクターを務めるアパレルブランド。「着心地の良さを追求し、こだわりを持った上質な生地をシンプルかつラグジュアリーなデザインに」というコンセプトのもと、心地よい肌触りの生地にシンプルなグラフィックを落とし込み、様々なコラボアイテムを展開します。

商品数：89件 人気順

ReZARD
イタリアンレザーオックス...
￥18,000

ReZARD
イタリアンレザーオックス...
￥18,000

ReZARD
ロゴレスレザースニーカー...
￥13,500

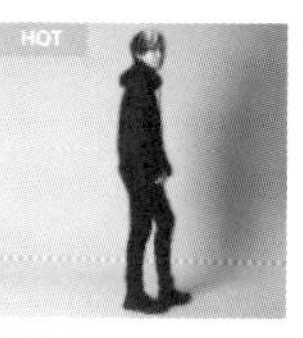

ReZARD
ブラックソールニットブー...
￥9,800

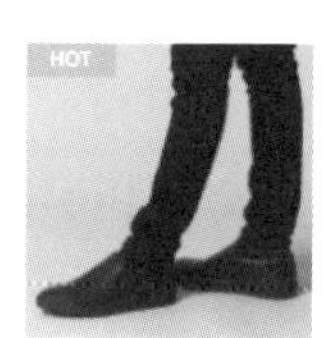

ReZARD
ロゴレススリッポン（ソラ...
￥12,800

●ユーチューブマーケティングとD2Cブランド

もちろん、こうしたユーチューブを活用したマーケティングは、「はやり」の要素は否めません。したがって、今後も「はやり」としてリザードに関しては、新しいコラボを次々と仕掛ける、そして、他のユーチューバーを利用した新しいブランド立ち上げなどが続くと見られます。

一方で、このレザードのアプローチは「**情報**」としてのブランドを売るという点では、テレビCMで告知するよりも、ネットに親和性が高いZ世代向けにはユーチューブがコンテンツとしては向いているとも言えそうです。

前節のTOKYO BASEではアパレルそしてその素材を起点とした自社ブランドでした。そして、自社で素材を厳選して製造するブランドからは、ユーチューバーによるブランドは違和感があるのかもしれません。とはいうものの、いま求められているのは、「情報」としてのブランドであり、とくに、ロコンドのリザードはどちらかといえば情報・コンテンツ起点であり、マーチャントによる製造「情報」小売業に近いとも言えます。

5-4 ペットフードデリバリーのペトことフーズ

4−3節では、ベビーフードであるユミを紹介しました。日本でも、ベビーフードではなくペットフードを提供するのがペトことフーズです。

ペトことフーズのコンセプト

ペトことフーズのコンセプトを一言で表せば、「**犬の食育**」です。ベビーフードのユミが赤ちゃんの食事にこだわったように、ペトことフーズは犬の食事にこだわります。そのこだわりのルーツは、ペトことフーズの運営会社のシロップ代表の大久保泰介氏のこだわりにあります。

●犬の食事とドッグフード

大久保氏は、3年前に足が内股という理由で犬の競り市で捨てられ、保護犬として保護団体「Dog Life Saving」に保護されていた愛犬コルクを引き取ります。そして、コルクとのペットライフで一番、最も疑問を感じたのは食事と言います。

一般的に、犬の食事といえば、図5−17のようなドッグフードです。ドッグフードは、毎日、夏・冬も同じく、皿にドッグフードを入れて、それを犬が食べる、一見して当たり前ですが、大久保氏は、この当たり前に疑問を感じた、と指摘します。

図5－17 ペトことフーズとドッグフード

出所:会社資料

●ペトことフーズが提供するD2C ドッグフードデリバリーサービス

そうした動機をもとに、行きついたのは、D2Cによる**ドッグフードデリバリーサービス**です。基本的なコンセプトはユミと似ており、新鮮な素材を利用して、自社でドッグフードを製造し、**定期的にデリバリーするサービス**です。

具体的には、図5－18のように、ビーフ、チキン、ポーク、フィッシュと4種類のベースとなる食材にリンゴ、ニンジンなどの野菜をブレンド、人が食べてもおいしいドッグフードを1日2食（全体の食事に占める割合100%）、朝もしくは昼に提供（同50%）、トッピング（同25%）を選びます。ドッグフードは、2～3週間分まとめて配送され、料金は1食あたりおよそ200円です。

図5－18　ペトことフーズが提供するドッグフード

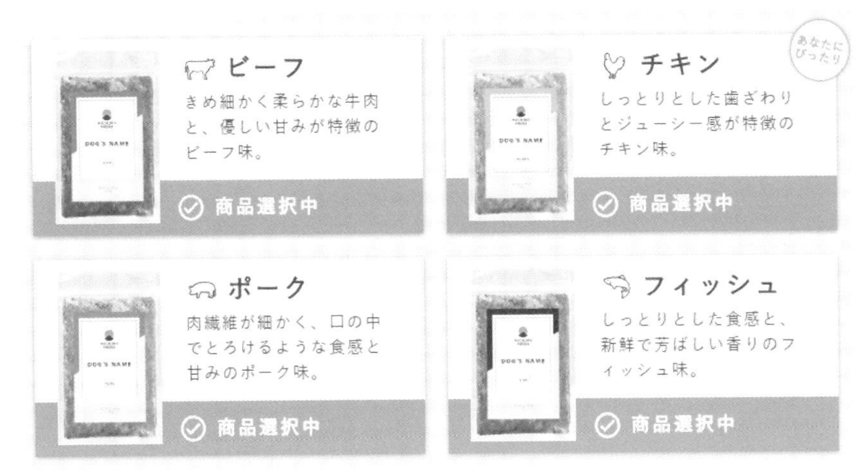

出所：https://foods.petokoto.com/order/select-menu

●ユミとのビジネスモデルの比較

さて、D2Cという観点では、これは前述のようにユミとモデルは似ています。むしろ、似ているというより、愛犬のためを思ってドッグフードを開発し、そのドッグフードを直接愛犬家に届けたい、それが結果的に**定期配送モデル**になったとも言えるかもしれません。

一方で、ユミと異なる点があるとすれば、ベビーフードの場合、1歳半程度で離乳食は終了するのに対して、犬の場合、平均寿命は10～13年と利用できる期間は長いと言えそうです。実際の契約者数は公開していませんが、ペトことフーズのサービスを開始した2020年2月から継続的に利用する継続会員が月を追うごとに増加しています。

ペトことフーズの利用者は？

同社によれば、サービスを開始してから半年で10万食を突破したといいます*。仮に、半年間（180日）毎日利用すると、10万食÷180日＝556食/日です。まだ、顧客数は限定的とみられますが、顧客からのSNSによる口コミで新規契約者が増加し、継続契約者が安定して継続することで、成長が継続すると見られます。

＊…といいます　https://www.jiji.com/jc/article?k=000000054.000015317&g=prt

図5－19　ペトことフーズの契約者数推移

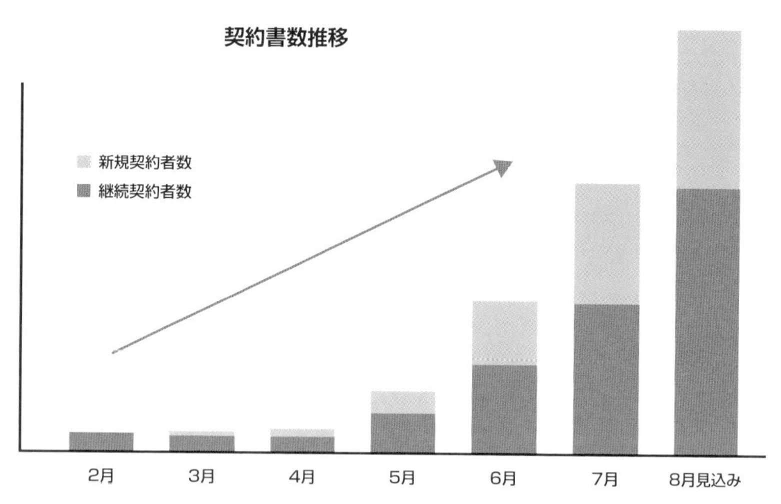

出所：会社資料

ペトことフーズの課題　ペットのデータをどう活用するか

一方で、ペットフードの場合、これまで触れたD2Cの特徴である製造「情報」小売業、すなわち、情報としての商品を売るというアプローチは楽ではない分野でもありそうです。というのは、ペトことフーズにとっての**「顧客」は飼い主**です。そして、飼い主が愛犬に対してドッグフードを与える、これは毎日の欠かせないイベントではありますが、それによって何が変わったのか、**データ化しづらい分野**です。これをどうデータ化、そして、コンテンツ化をするのかが、今後の成長の伸びしろと言えそうです。

5-5 パーソナルショッパーをつなぐマーケットプレイス　BUYMA

前節のペトことフーズは、ベビーフードのユミ同様に自社から直接顧客にペットフードを配送する、いわゆる、D2Cモデルです。そして、こうした直接顧客に商品を届けるためのマーケットプレイス（市場）を提供する、これがBUYMAです。

BUYMAのマーケットプレイス

BUYMA（バイマ）は、利用者という観点からすれば、図5−20に示すように、ブランドを販売するいわゆる、ECサイトです。通常のECサイトであれば、コンシューマーが商品を購入したら、ECサイトの運営者、いわゆる、店舗から発送します。BUYMAの場合は「場」（**マーケットプレイス**）を提供しているにすぎません。このマーケットプレイスは、メルカリのようなフリマのイメージに近いかもしれません。売主が商品を出店し、買主が商品を購入する、売主と買主の個人と個人の売買のマーケットプレイスを提供するのがBUYMAです。

図5−20　BUYMA　トップページ

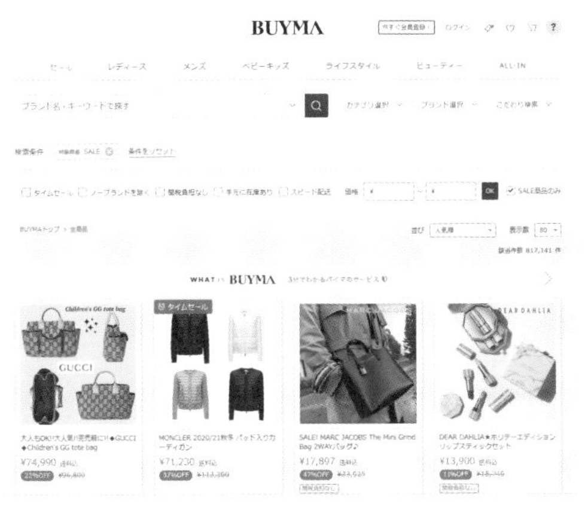

出所：https://www.buyma.com/

●個人間の売買の方法

個人と個人の売買の一番わかりやすいのは**オークション**です。図5－21に示すように、オークションでは、出品者が商品を出品し、買い手が入札します。この図であれば、8000円で入札した入札者が購入することができます。

図5－21　パーソナルショッパー、オークション、店舗の違い

BUYMAのビジネスモデル　パーソナルショッパー

BUYMAの個人間取引は、こうしたオークションではなく、売主が**パーソナルショッパー**と呼ばれる、いわゆる、マーチャントとなることにあります。パーソナルショッパーは、欧米では一般的なスタイルであり、パーソナルショッパー自身のセンス、ネットワークをもとに、ラグジャリーブランドを買い付ける、言ってみればセレクトショップのバイヤーに近い立場です。このパーソナルショッパーの仕組みは、図5－21で示すように、このドレスを定価6000円で売るというモデルです。

●パーソナルショッパーの付加価値

したがって、パーソナルショッパーの位置づけは店舗に近い位置づけです。ただし、店舗同様に、売り手が価格を決めるモデルなので、売り手に価格以上の「付加価値」が必要なモデルとも言えます。そして、パーソナルショッパーの差別化は、「**現地の情報**」と言えそうです。

この「現地の情報」とは、パーソナルショッパーの多くが海外在住の日本人であり、現地での最新のトレンド、新しいブランドといった情報をいち早くキャッチして、そうした「情報」が差別化要因であり、これまで何度も触れているD2Cでの「情報」に近いコンセプトと言えます。

●BUYMAのショッパー

具体的には、図5−22に示すように、BUYMAのパーソナルショッパーanemone_usaさんは、米国に在住し、ファッション関係のネットワークがあり、そうしたネットワークを通じてブランドのVIPセール等で商品を仕入れて、販売します。くわえて、図5−22にもある「**指名リクエスト**」より、商品、ブランド、イメージなどを入力することで、自身の感性から商品を購買し、日本に発送、いわゆる、マーチャンダイジングの役割を提供します。

実際に、BUYMAでは、156カ国、約13.5万人のパーソナルショッパーが500万点以上のアイテムを出品しています。

図5－22　BUYMA　プレミアムパーソナルショッパー

BUYMAのポジショニング

D2Cという観点での、BUYMAのポジショニングについて考えてみます。これまで触れたベビーフードのユミ、ペットフードのペトことフーズは、自社で製造・販売・配送するいわゆるD2C専門ECのカテゴリであり、品揃えについては特定のカテゴリに絞っているために必然的に少なくなります。

●BUYMAはパーソナルショッパーと顧客をつなげるマーケットプレイス

BUYMAの場合、anemone_usaさんのような世界各国に多様なバックグラウンドをもつパーソナルショッパーと顧客をつなぐ場であり、D2C専門ECとの比較では、やはり、品揃えは増えます。

●総合モールとBUYMAの比較

一方で、アマゾン、楽天といった統合モール型の比較では、統合モールが扱うのは、基本的にすべてのカテゴリです。たとえば、楽天の場合、大項目としてのジャンルは、図5－23に示すように1.スポーツ・ゴルフ、2.ファッション・インナー、3.ファッション小物、4.キッズ・ベビー・玩具、5.家電・TV・カメラ、6.PC・スマホ・通信、7.食品・スイーツ、8.ドリンク・お酒、9.本・電子書籍・音楽、10.ゲーム・ホビー・楽器、11.車・バイク、12.インテリア・寝具、13.日用雑貨・キッチン用品、14.ペット・花・DIY用具、15.コスメ・健康・医薬品、16.サービス・リフォームと16ジャンルです。

図5―23　楽天の大項目ジャンルとBUYMAのジャンル

1．スポーツ・ゴルフ	2．ファッション・インナー	3．ファッション小物
4．キッズ・ベビー・玩具	5．家電・TV・カメラ	6．PC・スマホ・通信
7．食品・スイーツ	8．ドリンク・お酒	9．本・電子書籍・音楽
10．ゲーム・ホビー・楽器	11．車・バイク	12．インテリア・寝具
13．日用雑貨・キッチン用品	14．ペット・花・DIY用具	15．コスメ・健康・医薬品
16．サービス・リフォーム		

このジャンルのなかで、BUYMAが当てはまるカテゴリは、2.ファッション・インナー、3.ファッション小物、12.インテリア・寝具、15.コスメ・健康・医薬品、のせいぜい4つのジャンルにとどまります。そのジャンルのなかでも、BUYMAの立ち位置は、非日常です。同社に登録したパーソナルショッパーがセレクトした「非日常」のアイテムを身につける、こうした**「非日常」に特化したマーチャント**と言えます。

●BUYMAのポジショニング

BUYMAは、楽天・アマゾンのような総合モールではなく、「非日常」に特化したマーチャントであることを指摘しました。これを踏まえた同社のポジショニングを図2－24に示します。縦軸は、TOKYO BASEでも取り上げたモード（非日常）とカジュアル（日常）、横軸は、取扱品種の量です。

図5－24　BUYMAのスペシャリティ・マーケットプレイス

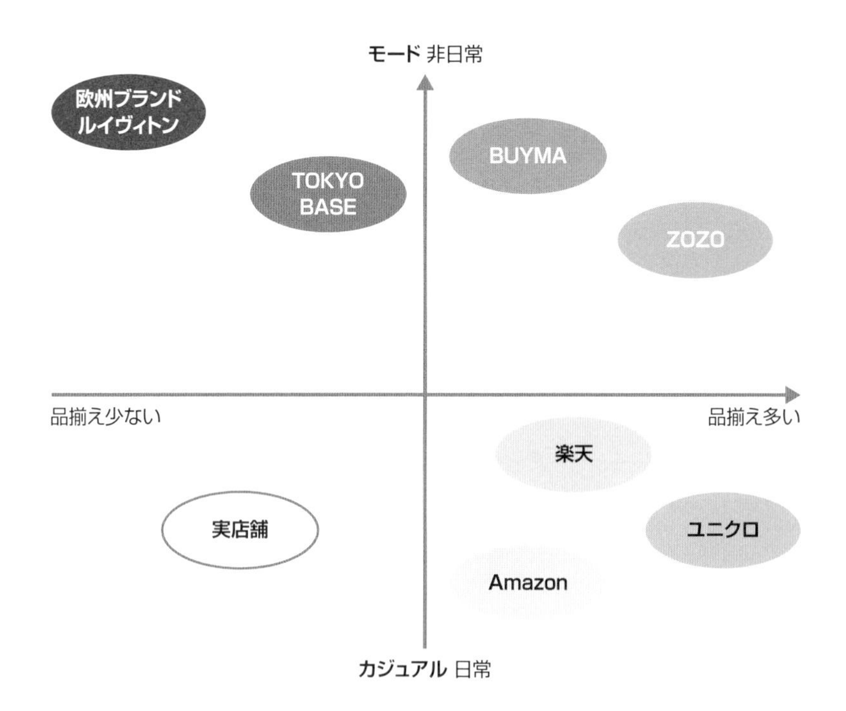

1. **カジュアル×品揃え多**：アマゾン、楽天といった総合モール、あるいは、ユニクロといったカジュアルウェアを提供している会社です。価格帯の安い商品を販売するので、**スケール（規模）**が重要と言えます。
2. **カジュアル×品揃え少**：日常的なアパレルを販売している**実店舗**です。ただし、昨今のEC化により、1.カジュアル×品揃えに統合されつつあります。
3. **モード×品揃え少**：いわゆる、**ラグジャリーブランド**であり、一点ものといった希少性のある商品を高価格帯で販売します。5－2「次の壁に直面するTOKYO BASE」で取り上げたTOKYO BASEとくにステュディオスがこのカテゴリに該当します。
4. **モード×品揃え多**：BUYMAのポジションです。品揃えという点では、やはり、ZOZOの方が多いですが、BUYMAのユニークさは**パーソナルショッパーを通じたスペシャリティ・マーケットプレイス**にあります。

BUYMAの強み　マーケットプレイスの運営実績とノウハウ

では、こうしたスペシャリティ・マーケットプレイス、サイト作ればいいだけだから、やってみようと思うかもしれません。もちろん、サイトを作ること自体は、それほど難しい話ではありません。

むしろ、難しいのは、**サイトとしての魅力**でしょう。このサイトは、百貨店に相当するマーチャントです。百貨店が新宿、銀座といった目立つ一等地に建てられていると同様にサイトも利用者が「**このサイトで買ってみたい**」という魅力が必要です。

BUYMAの場合、こうしたスペシャリティ・マーケットプレイスを10年かけて構築してきました、それはパーソナルショッパーとの関係、あるいは、海外の商品を日本へ発送するのでその発送のノウハウなど一朝一夕にできる話ではありません。むしろ、こうした長い年月をかけて積み重ねたノウハウがスペシャリティ・マーケットプレイスにおいてより活かされると言えます。

5-6
原料から販売まで手掛ける FABRIC TOKYO

4−4「インドチーノ　オーダーメイドスーツのD2Cブランド」ではスーツのオーダーメイドブランドであるインドチーノを紹介しました。そして、日本でもインドチーノのようなスーツをオーダーメイドで提供するサービスがあり、これがFABRIC TOKYOです。

FABRIC TOKYOのコンセプト

FABRIC TOKYO（**ファブリック・トウキョウ**）のコンセプトは、**オーダーメイドビジネスウェア**です。インドチーノで触れたようにスーツは、体型にフィットすることが大事です。そうした個人個人の体型にフィットしたスーツを提供するために、インドチーノの同様、FABRIC TOKYOの最初の入口は体型を測る**計測**からスタートします。

FABRIC TOKYOの2つの計測方法

FABRIC TOKYOの計測方法は、インドチーノと同様、1.**ショールームに来店する方式での計測**ならびに2.**オンラインでの計測**です（図5−25）。インドチーノとの違いは、インドチーノでは自分の首回りの長さなど実際の体型を計測するのに対して、FABRIC TOKYOでは、体型にあったスーツを計測します。この計測データをもとにFABRIC TOKYOがもつ型紙に変換し、体型にフィットさせる**イージーオーダー方式**です。

オンライン計測ではインドチーノに軍配

あくまで、筆者の印象ですが、インドチーノは動画にあわせて、計測、入力ができる一方、FABRIC TOKYOの場合、動画と入力フォームが分かれており、前者のインドチーノの方がわかりやすいという印象です。インドチーノの方がオンラインで気持ちよく計測できるように綿密に導線を考えていると言えそうです。

図5－25　FABRIC TOKYO　オンラインでの計測

●ショールームでの計測

もう一つの計測方法は、店舗への来店です。FABRIC TOKYOでは、東京を中心に全国で14の店舗*を構えており、ショールームとしてプロのスタッフによる採寸にくわえてコーディネートの提案をします。

●スーツのデザイン・カスタマイズ

オンライン・オフラインでの計測が終了したら、次にスーツのデザインを決めま

＊**14の店舗**　2021年1月末時点での店舗数。

す。特定のパターンをもとにサイズ、デザインをカスタマイズするイージーオーダーなので、カスタマイズできる部分は、ボタン、ラベル、ベント、ポケット、裏地などがカスタマイズの対象です（図5−26)。

図5−26　スーツのデザイン・カスタマイズ

FABRIC TOKYOのバリューチェーン

D2Cという観点からは、FABRIC TOKYOは自社で製造・販売をしている、いわゆるD2Cブランドです。そして、図5−27に示すように、通常のスーツメーカーの場合、原料を仕入れて、生地メーカーが生地を製造し、縫製工場で縫製、中間業者（商社・OEMメーカーなど）が縫製したスーツを仕入れて、アパレル・小売店舗経由で販売します。

これは、1−3「D2Cを理解するキーワード③川上·川中·川下」で触れたように、とくにアパレルの場合、川上・川中・川下に工程が多く、その工程ごとに手数料を徴収するために結局、最終売価が高くなるという話と同じです。

図5－27　FABRIC TOKYOのバリューチェーン

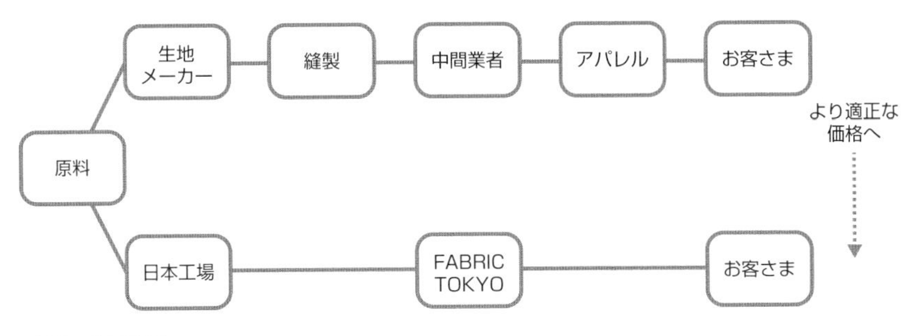

出所：会社資料

●原料調達から製造・販売まで手掛けるメリット

一方、FABRIC TOKYOの場合、まず、ウールやコットンといった原料選びから始めます。原料から紡績（繊維から糸にする工程）・撚糸（糸に撚り（より）をかける工程）をへて糸にし、その糸を染色し、織って、生地にし、縫製をします。同社では、イージーオーダーの縫製を実施するオリジナルテクノロジー社、糸から生地に仕上げる三甲テキスタイル社と協業しながら、自社企画・製造にこだわります。

こうした自社企画・製造によるメリットは、やはり、41,800円（税込）からという手頃な価格で高品質なスーツを購入できる点につきます。それは、4－2「ワービー・パーカーメガネのD2Cブランド」で触れたメガネのD2Cブランド、ワービー・パーカーとアプローチは似ています。ワービー・パーカーもメガネの製造において、徹底的に自社製造にこだわり、その結果、質の良い眼鏡を安価に提供しています。

●FABRIC TOKYOとインドチーノの比較

最後に、インドチーノとFABRIC TOKYOの比較をしてみます。前述のように、入口の計測のやりやすさ、そして、ウェディング向けのスーツなどアイデア・企画はインドチーノに軍配があがりそうです。しかしながら、**原材料から自社企画・製造にこだわり、より質の良いスーツを提供したい**という、スーツメーカーの矜持はFABRIC TOKYOに分がありそうです。

ホワイトフライデーセール

そして、こうした原材料、縫製工場との強い結びつきは、新たなコラボを生み出すこともあります。FABRIC TOKYOでは、コロナ禍で生地工場・問屋に積みあがっている「停まった」生地に注目。この掘り出しものの生地でスーツを割安な価格で提供し、あわせて、不要となったビジネスウェア（スーツ、ジャケット、ベストなど）を返却することでポイント還元されるホワイトフライデーセールを2020年11月に実施。滞留在庫を抱えた生地工場・問屋にとっても在庫を放出できるというメリット、FABRIC TOKYOにとっても新たな収益機会、利用者にとっても通常より割安な価格で購入できるという、3者にとってメリットがありそうです。

図5－28 FABRIC TOKYOのホワイトフライデーセール

工場に眠る掘り出し物の生地で
お得にビジネスウェアを手に入れる

購入期間 11.18 WED → 11.29 SUN

生地工場/問屋に積み上がる「停まった」生地たち。アラブの高貴な方向けの生地もあれば、デザイナーのイメージに微妙に合わず残念ながらお蔵入りになった生地など、掘り出しものをお届けします。対象の商品は2020年11月18日(水)18:00～11月29日(日)の間販売しております。

第5章まとめ

第5章では、日本のD2C企業について取り上げました。ベビーフードのユミのペット版であるペトことフーズ、オーダーメイドスーツのインドチーノの日本版であるFABRIC TOKYOなど業態は同じながらも独自にアレンジをしています。

●5−1　流通取引金額が拡大するBASE

個人・スタートアップ向けにEコマースプラットフォームを提供するBASEは、2020年春のコロナ禍の巣籠消費において流通取引金額が大幅に拡大しました。そして、今後どのようにD2Cブランドを育成するかがカギとなります。

●5−2　次の壁に直面するTOKYO BASE

TOKYO BASEは、トウキョウブランドにこだわり企画から販売までを直接手掛けるD2Cブランドです。購買単価が高く、店舗での販売をどうオンラインでの体験に結びつきつけるかが今後の成長のカギとなります。

●5−3　ユーチューバーマーケティングで拡大するロコンド

もともと靴のECサイトとしてオープンしたロコンドは、ECプラットフォームの提供にくわえて、ユーチューブマーケティングによるブランディング、さらには、自社D2Cブランド「リザード」を立ち上げ、情報を売るという方向に切り替わりつつあります。

●5−4　ペットフードデリバリーのペトことフーズ

ペトことフーズのコンセプトは、犬の食育、犬のために栄養化の高い、自然な食材を、ユミと同様に定期配送するモデルであり、犬というデータ化しにくい要素をどうデータ化するかが今度の課題と言えそうです。

●5−5　パーソナルショッパーをつなぐマーケットプレイス　BUYMA

BUYMAは、顧客とパーソナルショッパーを結びつけるマーケットプレイスです。対象は、ラグジャリーな非日常なファッションであり、総合モールとは異なるスペシャリティ・マーケットプレイスを提供します。

●5−6　原料から販売まで手掛ける　FABRIC TOKYO

FABRIC TOKYOは、メンズビジネスウェアを原料の調達から製造、自社での販売まで一貫して提供します。そして、こうした一貫したモデルのメリットは、利用者にとって高品質なスーツを手ごろな価格で提供できることにあります。

D2C化への5つの提言

これまでD2Cを理解する7つのキーワード（第1章）、D2Cのビジネスモデル（第2章）、D2Cを支えるテクノロジー（第3章）、世界のD2C企業（第4章）、日本のD2C企業（第5章）について取り上げました。そして本章では、これを踏まえて、D2Cの今後としてD2C化への5つの提言をまとめます。

6-1 D2C化に向けたメーカー・マーチャントへの5つの提言

D2Cのプレイヤーは、これまで触れたようにモノを作るメーカー、モノを売るマーチャント、そして、モノを買うコンシューマーです。このメーカー、マーチャントの今後について触れます。

メーカー・マーチャントはなぜD2C化が必要か？

なぜ、メーカー·マーチャントにとってD2C化が必要なのか、あらためて振り返ってみたいと思います。メーカー・マーチャントにとって向き合う先は「コンシューマー」です。そして、**コンシューマーに直接（ダイレクト）に向き合うこと**、これがD2Cです。

●変化するコンシューマー

こうしたD2Cの背景には、コンシューマーの変化があります。たとえば、2-7「D2Cのビジネスモデル　Z世代　コンシューマー世代の変化」では、現在の20歳前後のZ世代について取り上げました。このZ世代の特徴は、ソーシャルネイティブ、SNSでつながるのが当たり前の世代であり、テレビよりもユーチューブよりも好む世代でもあります。今後の消費の中心世代でもあり、Z世代、さらには、その次の世代にむけてコンシューマーのニーズを把握し、そのニーズにあった方法で認知、購買を促す、これがメーカー・マーチャントの役割と言えます。

●いまこそ、コンシューマーにダイレクトに向き合う

こうした変化するコンシューマーについて、やはり、メーカー・マーチャントは、その変化をつかむことが重要であり、**コンシューマーに直接（ダイレクト）に向き合うこと**、こうした取り組みは必要になります。

D2C化に向けた5つの提言

では、どうやってコンシューマーとダイレクトに向き合うのでしょうか？図6−1に、D2C化に向けた5つの提言として、5つのポイントを挙げます。

図6−1　D2C化に向けた5つの提言

提言①ヘッドレスコマース
EC化はネットだけではなく、すべての決済を統合する手段に

提言②サブスクリプションモデル
サブスクリプションモデルはマーケティングオートメーションの徹底活用を

提言③ECプラットフォーム
ECプラットフォームはネット、電気と同じインフラに、作るよりも使う

提言④D2Cブランド
マーチャントは積極的にD2Cブランドに挑戦すべき

提言⑤データ活用
AIによるデータ活用が製造「情報」小売業の近道に

●6−2「D2C化に向けた提言①ヘッドレスコマース

4−1「ヘッドレスコマースで躍進をはかるビッグコマース」で触れたヘッドレスコマースは、商品ページ（ヘッド）はどんなものでもよく、注文処理、在庫管理、決済など一つのEC基盤に集約する仕組みです。このようにECに統合することで、コンシューマーのニーズをより多面的に把握することが可能になります。

●6−3　D2C化に向けた提言②サブスクリプションモデル

4−5「ユミ　ベビーフードのD2Cブランド」、5−4「ペットフードデリバリーのペトことフーズ」、いずれの定期的にベビーフード、ペットフードを配達する**サ**

ブスクリプション(定期配送)です。こうしたサブスクリプションモデルにおいては、マーケティングオートメーション手法を活用してリードを増やすことが必要です。

●6−4 D2C化に向けた提言③ECプラットフォーム

ECプラットフォームの提供はマーチャントの役割ですが、ビジネスとして成立させるためには、流通取引金額を増やす必要があり、グローバル規模での競争になっています。したがって、ECプラットフォーム機能を開発するよりも、そうしたECプラットフォームを利用した方が現実的です。

●6−5 D2C化に向けた提言④D2Cブランド

既存のマーチャントは、メーカーによるマーチャント機能によるプレッシャー、GAFAを中心としたネット企業による顧客データ把握により、厳しい展開が予想されます。自社の顧客データを活用してD2Cブランドを立ち上げるチャレンジも有効です。

●6−6 D2C化に向けた提言⑤データ活用

コンシューマーのニーズを把握するためには、データを収集、活用することが唯一無二の方法であり、製造「情報」小売業への最初の一歩と言えます。

6-2 D2C化に向けた提言①ヘッドレスコマース

これまで触れたように、ECは単にネットで決済する手段ではなく、コンシューマーは常時スマホでネットにアクセスできるので、オフライン店舗でもECが活用できます。そして、それをすべて統合することが、より多面的にコンシューマーと向き合う手段と言えます。

D2C化への提言①
EC化はネットだけではなく、すべての決済を統合する手段に

ヘッドレスコマース

1−5「D2Cを理解するキーワード⑤ショピファイ」で触れたマルチチャネルECプラットフォームのショピファイ、あるいは、4−1「ヘッドレスコマースで躍進をはかるビッグコマース」で触れたビッグコマース、いずれも今後のECプラットフォームの方向性は、**ヘッドレスコマース**です。

ヘッドレスコマースのメリットは、やはり**統合**にあります。図6−2上部「これまでのマーチャント機能」に示すように、これまでのマーチャント機能は、店舗であればPOSレジでの決済、ネットであればEC決済と、それぞれのマーチャント機能が分離されているケースが一般的です。

このように分離しているのは、多くの場合はシステム連携されていないことによります。たとえば、店舗のレジは、POSで販売データを読み込み、それを本社の販売システムに登録するケースが一般的です。そして、ECの場合も、クレジットカードなどで決済が完了した段階で、それを本社の販売システムに登録します。したがって、実店舗とEC、仮に同じ利用者が購入したとしても、別の決済とみなされます。

図6－2 ヘッドレスコマースによるマーチャント機能

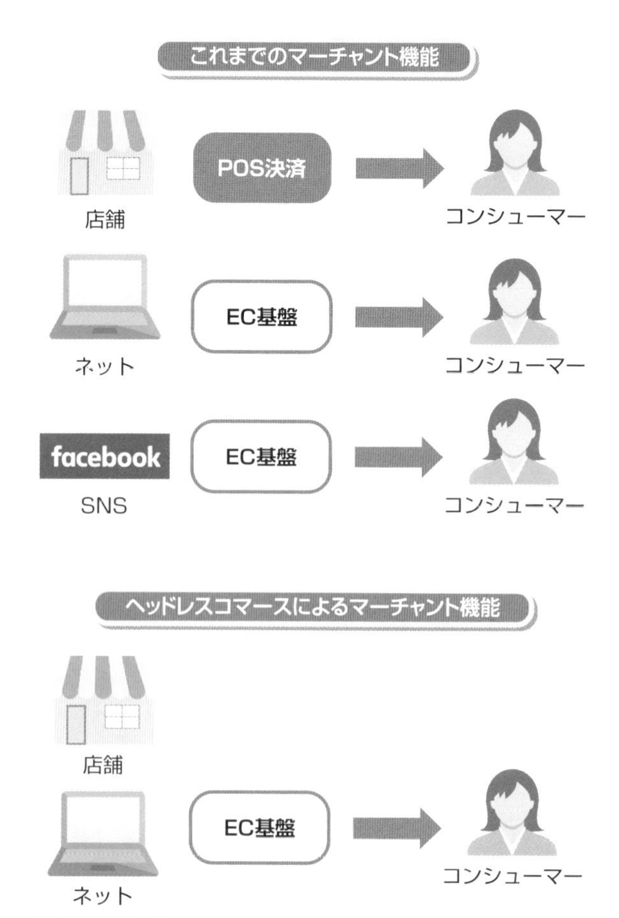

●ヘッドレスコマースによる統合

ヘッドレスコマースは、これまで触れたように、店舗、ネット、SNS、あるいは、スマートスピーカーによる注文などフロント（ヘッド）は問いません。そして、そのヘッドからの注文一つの共通のEC基盤で受注、決済、在庫管理、すべて**統合**する仕組みであり、第2章でふれたEC完結と同義です。

●ヘッドレスコマースで活きるクリック・モルタルモデル

こうしたヘッドレスコマースによって活きる分野が、クリック・モルタルモデルです。本書では、メガネを自社製造する米国ワービー・パーカー、スーツを自社サイトで採寸しデリバリーするインドチーノ、そして、インドチーノ同様日本でスーツを自社製造・販売するFABRIC TOKYO、をクリック・モルタルモデルとして取り上げました（図6−3）。

図6−3　本書で取り上げたクリック・モルタルモデル

メーカー名	主な商品	本書での参照
ワービー・パーカー	メガネ	4−2　ワービー・パーカー　メガネのD2Cブランド
インドチーノ	スーツ	4−4　インドチーノ　オーダーメイドスーツのD2Cブランド
ヤットセン	化粧品	4−6　ヤットセン　中国の化粧品D2Cブランド
FABRIC TOKYO	スーツ	5−6　原料から販売まで手掛ける　FABRIC TOKYO

クリックとモルタルが統合

なぜ、ヘッドレスコマースとクリック・モルタルモデルの相性がよいのでしょうか？やはり、キーワードは**統合**です。クリック·モルタルモデルは、スーツやメガネ、化粧品の「**ショールーム**」を物理的に開設します。

しかしながら、ただ、ショールームを開設しただけでは、基本は広告宣伝と同じです。むしろ、ヘッドレスコマースとの連動で、ショールームで顧客のスマホで購入、あるいは、設置したタブレット端末で購入など、POSレジがなくても販売することができます。すなわち、**モルタル（実店舗）の役割がクリックによって明確になる**と言えます。

●クリック・モルタルモデルのメリット

このクリック・モルタルモデルのメリットは、やはり、自社の「**こだわり**」を顧客に伝えることができる点です。もちろん、人通りの目立つ立地にショールームを出店する必要があるため、その分、賃料、スタッフの給料など費用はかかります。しかしながら、そうしたコストを凌駕するのは、やはり、ブランドでしょう。

たとえば、FABIC TOKYOは、ウールやコットンといった原料選びから始めます。

原料から紡績・撚糸工程をへて糸にし、その糸を染色し、織って、生地にし、縫製をし、体型にフィットしたスーツを顧客に届けることで、FABRIC TOKYOならではの「ブランドのこだわり」が伝わりやすいと言えます。

●クリック・モルタルモデルのデメリット

一方で、デメリットは、「モルタル」にかかるコストでしょう。ショールームという店舗を運営するには、店舗の賃貸料、接客するスタッフの給料といった運営コストが発生します。こうした運営コストを吸収して利益を生み出せるスーツでの売上が必要になります。

今後のクリック・モルタルモデルは？

では、今後、クリック·モルタルモデルどう進化するのでしょうか？　やはり、「**店舗における店員の役割とは何か？**」という問いに帰結するのではないでしょうか。

●セントラルキッチンで変わるレストランの役割

たとえば、これまでは、どのレストランチェーンも店舗のキッチンで料理を作って、サーブしていました。この方式は「手作り」感もあり、顧客も喜ぶからです。しかし、現在のレストランチェーンの多くは、店舗のキッチンではどちらかいえば、すでにセントラルキッチンで調理した料理を加工して盛り付ける方式に変わりつつあります。

セントラルキッチン方式の場合、手作り感もなく機械的で温かみもない、かもしれません。しかし、セントラルキッチンでまとめて調理しているので、おいしく、安いコストで、かつ、キッチンでは加工、盛り付けなので、早く提供することができます。すなわち、レストランにおけるシェフ·料理人の役割は大きく変わりました。

●店舗における店員の役割

こうしたレストランにおける料理人の役割と店舗における店員の役割は似ているかもしれません。店舗における店員は、やはり、顧客を接客して、顧客が気に入った商品を購入してもらうことにあります。そして、店舗によっては、顧客が購入した金額に応じて店員に還元される仕組みもあります。

セントラルキッチンにおいて、レストランでは料理をしなくてよくなったように、ヘッドレスコマースにおいて、**店舗では商品を「売る」必要はなくなります**。店員が必要なくなるというはデメリットかもしれませんが、むしろ、「**顧客とのダイレクトな接点が増える**」とも言えるのではないでしょうか。

● 「購買」がゴールではない

2−6「D2Cのビジネスモデル　顧客体験を重視するコンシューマー」で触れたように、やはり、どんな時代が変わろうと顧客体験はコンシューマーにとって重要であることは間違いありません。そして、顧客体験のうち、「購買」は数あるプロセスの一つであり、「購買」がゴールではありません。むしろ、はじめてのショールームの来店から、リピートなど**顧客一人一人にあわせた心地の良い顧客体験をサポートする**、これが店員というよりサポーターの役割と言えそうです（図6−4）。そうした点で、「店舗」のあり方が大きく変わるとみられます。現在の店舗において、重要指標は「売上」です。店舗によっては、店員一人一人に売上目標を設定し、何とか売上目標を達成すべく、努力をする、これは現状では当たり前のスタイルです。

ただし、今後、ヘッドレスコマース、すなわち、ECによって店舗、ネットが統合されれば、店舗においては「売上」だけが指標にならなくなる可能性があります。というのは、商品を購入できるのは店舗だけではありません、ネットでも同じように購入することができます。したがって、店員はむしろ顧客満足度を上げる「良きサポーター」となることが大きな目で見てプラスになると考えられます。

図6－4　ヘッドレスコマースで変わる店員の役割

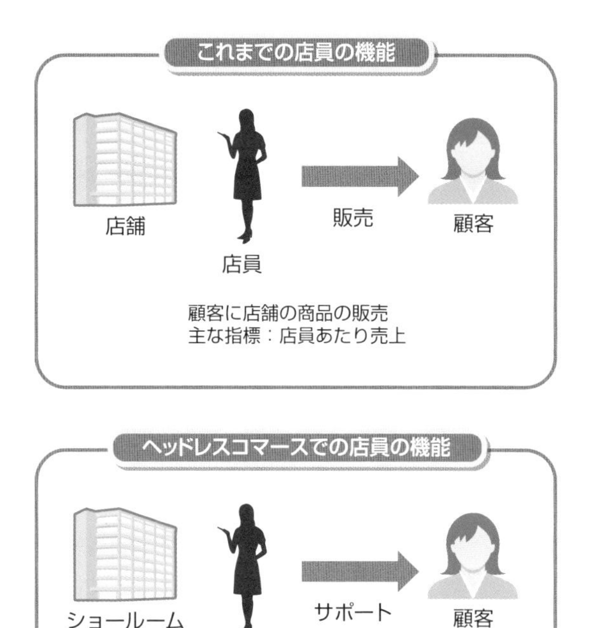

●本当に店員は必要か？

最後に、こうしたヘッドレスコマースで「売る店員」が必要なくなったとき、本当に、「サポートする店員」は必要か？という議論はあるでしょう。

テクノロジーという観点からは、無人を実現するカメラ、センサーなどが登場しており、無人店舗が今後視野に入ってきそうです。ただし、スーツ、メガネといった愛着（ブランド）を伝えるには、やはり、その魅力を顧客に伝え、サポートする店員が必要な領域とは言えるのではないでしょうか。

6-3 D2C化に向けた提言②サブスクリプションモデル

サブスクリプションモデルは、ベビーフードのユミ、ペットフードのペトことフーズのように、実際の店舗を持たずにECで直接販売するモデルです。一度、利用に踏み切ると継続的に利用される傾向があり、マーケティングオートメーションを活用して、いかにこの利用者を増やすかがポイントです。

D2C化への提言②
サブスクリプションモデルはマーケティングオートメーションの徹底活用を

サブスクリプションモデルのメリットとデメリット

実際の店舗を持たずECだけで販売するモデルのメリットは、やはり、**コスト**でしょう。クリック・モルタルモデルでの、「モルタル」（実店舗）は持たずに、原則として**「クリック」（EC）のモデル**です。したがって、運営にかかるコストは、ベビーフード、ペットフードの原材料、ECショップ運営費、スタッフの給料であり、モルタルがない分、コストは抑えられます。

一方で、デメリットは、やはり、「モルタル」がない分、**認知という点では課題**となります。もちろん、SNSを使ったインフルエンサーによる口コミは認知を増やすきっかけにもなりますし、ウェブ広告も、潜在顧客への認知という意味でも有効です。

●サブスクリプションモデルのジレンマ

このサブスクリプションモデルのデメリット、メリットはサブスクリプションモデルのジレンマを浮き彫りにしていると言えます。すなわち、ECなので運営コストは低いものの、利用者数が伸びず、その結果、売上が頭打ちになるケースです。

どうやってこのジレンマを打破するのでしょうか？　ユミそしてペトことフーズで触れたように、一度、ベビーフードもしくはペットフードを申し込めば、赤ちゃんが成長するまで、そして、ペットがいるかぎり、継続率が高いモデルです。

●最後のサブスクリプションまでたどり着く

したがって、最後の「**サブスクリプション**」までたどり着けば、安定的に継続できる可能性が高いので、どれだけサブスクリプションまでたどり着けるか？それが、サブスクリプションモデルのジレンマを打破するポイントと言えます。

そして、最後のサブスクリプションまでたどり着くには、やはり、打席に立つ回数を上げるしかありません。すなわち、1−6「D2Cを理解するキーワード⑥データ活用」で触れたように、実際にサイトを訪問して、そこから購買に至る**コンバージョン率**は2〜3%、すなわち、100名サイトを訪問した潜在顧客のうち、実際に購入に至るのは2〜3名といったところでしょう。

●リードを増やす施策が不可欠

コンバージョン率を上げるのは容易ではありません。とくに、定期配送といったサブスクリプションモデルの場合、解約の手間もあり、敷居が高いモデルとも言えます。むしろ、ポイントは、リードを増やすことはあるでしょう（図6−5）。100名のリードでコンバージョン率2%であれば2名ですが、1000名のリードでは同じコンバージョン率でも20名となります。

●どうやってリードを増やすか？

どうやってリードを増やすのでしょうか？ベビーフードであれば、子育てコミュニティ、ペットであればペットオーナーのコミュニティ、そうしたコミュニティは潜在顧客であり、コミュニティでリードを増やすのは次のリードネイチャリング、リードクオリフィケーションのステージでも有効と言えそうです。

●スケールするにはコストがかかるモデル

いずれにしても、サブスクリプションモデルのメリットについてコストであることを指摘しましたが、ビジネスとしてスケール（規模）を上げるには、やはり、コストがかからざるを得ない側面があります。むしろ、コストが低いのは、最初の導入時のコストが低いというべきでしょう。

図6－5 マーケティングオートメーションと認知

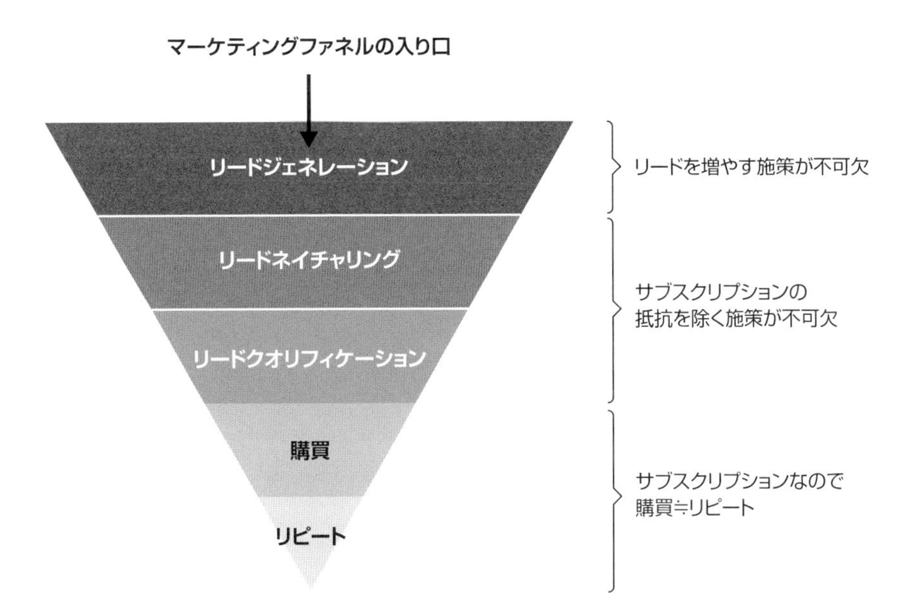

サブスクリプションモデルの今後

サブスクリプションモデルは、基本的にはD2Cになります。やはり、小売店でサブスクリプション権を購入するケースもありますが、基本は、メーカー·マーチャントのECサイトでサブスクリプション権を購入し、メーカー・マーチャントから定期的に商品が送られるモデルです。

図6－6のように、コンテンツ、アパレル、食品と現在では多くの分野でサブスクリプションモデルが登場しています。

図6－6 主なサブスクリプションサービス

ジャンル	サービス名	月額	内容
コンテンツ	Apple Music	980円	7000万曲をこえる曲をダウンロード含めて視聴できるサービス
	Netflix	990円	映画や自社オリジナルドラマの動画を配信するサービス
	Amazon Prime	500円	Amazon配送特典やPrime Video、Musicを利用可能
アパレル	airCloset	3800円	女性向け、プロのコーディネーターが選んだ洋服を配達するサービス
	メチャカリ	2980円	洋服を借りるサービス、60日間経過後は返却なしで利用できる
食品	オイシックス	5000円	会員がオススメ商品から選んで購入、利用に合わせて金額は変わる
	BASE FOOD	ブレッド 328円/食 パスタ 312円/食	ビタミン、ミネラル、たんぱく質、食物繊維など、栄養素がつまったブレッドとパスタ

●サブスクリプトに向いているジャンル、向いていないジャンル

やはり、マーチャントを経由することなく、直接、購入するサブスクリプションモデルは、代表的なD2Cのモデルとして、今後も発展するとみられますが、ジャンルによって向き不向きがあるようです。

上述のコンテンツ、アパレル、食品は、気軽に導入しやすいことから、広く普及していますが、たとえば、自動車のサブスクリプションモデルは苦戦が報じられています*。やはり、月1000円程度あれば、財布（月の予算）に占める割合は軽いので、購入のハードルはそれほど高くないですが、月4万円ほどかかる車の場合、やはり、ハードルは高いように見えます。

●サブスクリプトに向いているジャンル、向いていないジャンル

車などはもちろんハードルは高いですが、筆者には、まだマーケットが開拓されていないからと見えます。こうしたマーケット開拓は、潜在顧客であるリードジェネレーションの話であり、やはり、マーケティングオートメーションのような手法でリードを増やし、購買まで至るという方法が有効と見られます。

＊…られています 「トヨタの車サブスク苦戦、申込数1日6件 遠い事業化」
https://www.asahi.com/articles/ASMDJ2SY6MDJOIPE001.html

6-4 D2C化に向けた提言③ ECプラットフォーム

本書では、ショピファイ、ビッグコマース、BASEといったECプラットフォームをとりあげました。そして、このECプラットフォームを今後開発するというのはあまり現実的ではなく、これをいかに活用するかがポイントと言えます。

D2C化への提言③
ECプラットフォームはネット、電気と同じインフラに、作るよりも使う

マーチャントの3つの販売パターン

マーチャントのビジネスモデルは、これまで触れたように、メーカーから商品を仕入れて、それをコンシューマーに販売することです。そして、販売パターンという観点では、図6−7に示すように3のマーチャントの販売パターンがあります。

図6−7　マーチャントの3つの販売パターン

販売方法	概要	リスク	商品の所有権	オフライン	オンライン	売上
1．委託販売	メーカーがマーチャントに商品を委託。 売買が成立した時点で手数料が発生。	低	メーカー	道の駅 雑貨屋 書店	BASE minne	少
2．テナント	マーチャントがメーカーに賃貸スペースを貸与もしくはネットではリソースを貸与。	中	メーカー	百貨店 ショッピングモール	ショピファイ ビッグコマース 楽天	中
3．買取販売	マーチャントがメーカーから商品を仕入れて、マーチャントがリスクを取り販売。	高	マーチャント	スーパーマーケット	アマゾン	大

委託販売

リスクという点で、もっともリスクが低いのが1.**委託販売**です。委託販売は、メーカーがマーチャントに販売を委託、売買が成立した時点で手数料が発生するモデルであり、マーチャントとしては、在庫リスク、販売リスクを取る必要もないので、1件当たりの手数料売上が少ない分、リスクも低いモデルです。

●オフラインでの委託販売

オフラインの例では、道の駅（マーチャント）であれば、農家（メーカー）が野菜を道の駅に並べて、販売する。クリエイター（メーカー）が、自分で作った雑貨・小物を雑貨屋（マーチャント）に並べてもらう。書店であれば出版社（メーカー）が取次を経由して書店（マーチャント）に並べてもらうといった商流です。

●オンラインでの委託販売

オンラインでの委託販売は、およそ、この商流の置き換えに近いと言えます。具体的には、家具・生活雑貨、アクセサリーなどのハンドメイドマーケットである「minne」（ミンネ）、5−1「流通取引金額の拡大が止まらないBASE」で触れたBASEが委託販売に近いカテゴリです。

テナント

テナントは、マーチャントは販売によって収益を上げる方法ではなく、メーカーに売場の一部、ショッピングモールのスペースの一部、あるいは、ネットであればEC機能（注文管理、在庫管理、決済など）といったリソースを貸します。収益はテナント料もしくはEC利用料として計上され、テナントが埋まらなければ、そのテナントにかかったコストが回収できないので、リスクとしては中程度と言えます。

●オフラインでのテナント

オフラインのテナントは、2−3「D2Cで変わるマーチャントのビジネスモデル」で触れたように、テナントの「**立地**」がポイントになります。銀座、新宿といった一等地、あるいは、ショッピングモールのように集客が見込める場所がテナントの対象になります。

●オンラインでのテナント

オフラインのテナントは、いわゆる、ECです。1−5「D2Cを理解するキーワード⑤ショピファイ」で触れたショピファイ、4−1「ヘッドレスコマースで躍進をはかるビッグコマース」で触れたビッグコマース、楽天などがこの販売手法に相当します。

オフラインでは、物理的なスペースを提供しましたが、オンラインでは、「**ECに必要なリソース**」を提供します。具体的なリソースとは、商品管理、在庫管理、注文管理、決済などです。

買取販売

買取販売は、マーチャントがメーカーから商品を買い取り、それをコンシューマーに販売する販売方法です。商品の所有権もメーカーからマーチャントに移転し、仕入れた商品が在庫に眠ったままになってしまう在庫リスクも発生、こうしたリスクも大きい分、売上も大きくなります。

●オフラインの買取販売

オフラインでの代表的な買取販売は、スーパーマーケットでしょう。スーパーマーケットは、野菜、肉、魚といった生鮮品を生産者（メーカー）から買取り、販売します。とくに、生鮮品は賞味期限があるので、賞味期限切れ間近の商品を値引きするなど、自身のリスクで販売、メーカーに近い立ち位置なので、自身がメーカーとなる**プライベートブランド**などとも親和性が高い立ち位置とも言えます。

●オンラインの買取販売

オンラインにおいても買取販売のビジネスモデルは同じであり、メーカーから商品を仕入れて販売します。たとえば、アマゾンでは、メーカーが販売するマーケットプレイスとは別にアマゾンが仕入れて販売するモデルもあります。この場合、アマゾンが在庫リスクをとり、セールなどで価格を変更しながら販売する手法です。

ECプラットフォームのビジネスモデル

3つの販売パターン、いずれもオンラインの場合、**ECプラットフォーム**の利用が必須になります。

ECプラットフォームにとって、売上を上げる手段は利用料もしくは決済時の手数料です。そして、利用料、手数料を増やすには、そのECプラットフォームでの取扱高である**流通取引金額（GMV）を増やすこと**です。

●流通取引金額とパレートの法則

2−4「新しいマーチャント　ショピファイのビジネスモデル（1）」で触れたように、ショピファイを利用しているブランド企業は、飲料メーカーのネスレ、フィットネスアクセサリーのジムシャークなど7,100サイトにのぼり、同社の**流通取引総額の大部分が大手ブランド企業**によるものです。

それは、図6−8に示すように2割のショップが売上高·流通総額の8割を占める、いわゆる、**パレートの法則**に従っていると言えます。したがって、どれだけ流通取引金額が大きい「2割」を獲得するかがポイントと言えます。

図6−8　パレートの法則

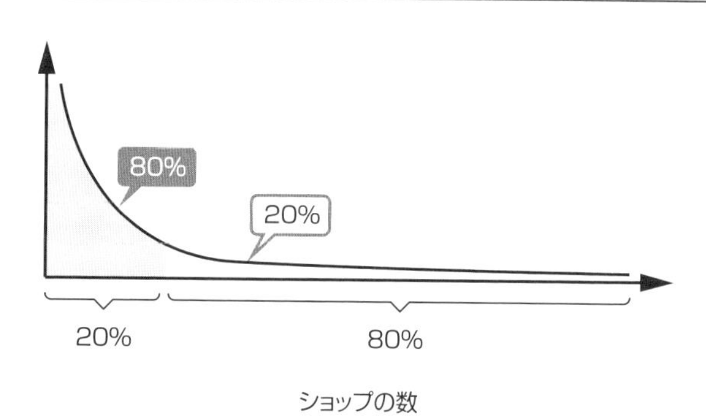

●流通取引金額を増やすには面を増やす

そして、「2割」を獲得するには、やはり、グローバル、すなわち、日本・米国だけではなく、世界各国でのECプラットフォームを提供する、これにつきます。たとえば、ショピファイは、175カ国に展開し、現地の言語、通貨にあわせたEC

プラットフォームを提供しています。やはり、流通取引金額を増やすには、できるだけ多くの面を取る、やはり、グローバル化そして国をまたぐ越境ECとなり、**グローバル**とならざるを得ないというのが筆者の見方です。

●BASEの課題

一方で、委託販売の場合、「手軽」に始めることができる反面、流通取引金額をどう増やすかが課題になりそうです。たとえば、BASEの場合、図6－9のように、ショップのスタートの敷居が低いので、個人のショップが多いのが特徴であり、やはり、流通取引金額が大きい顧客をどう委託販売として獲得するかが、今後の課題と言えそうです。

図6－9　BASEの主なショップ

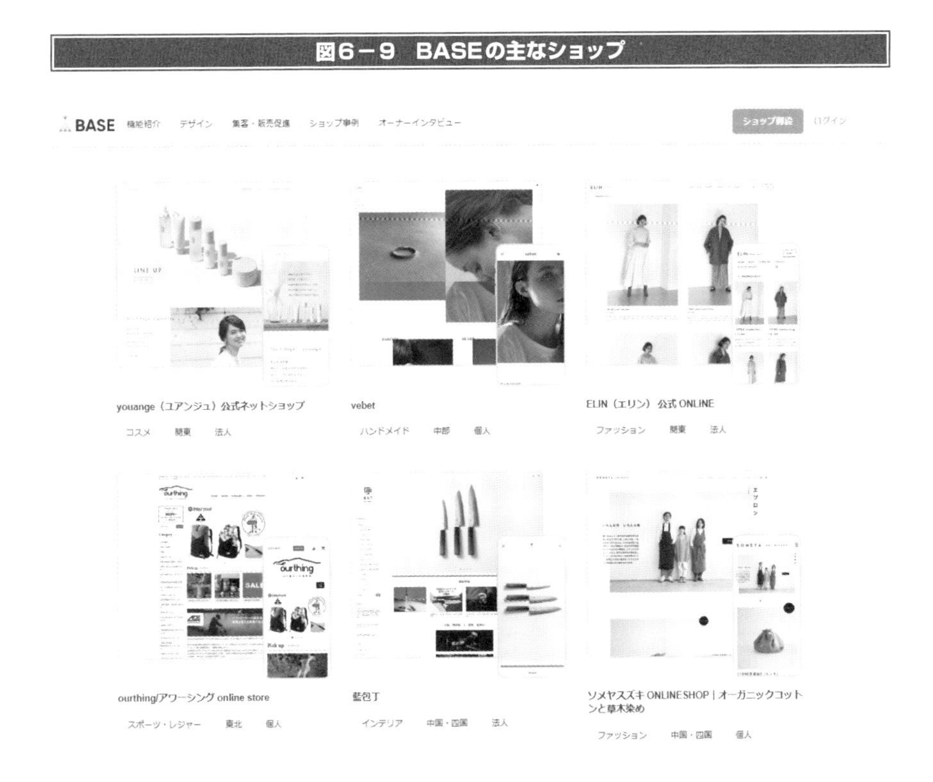

●提言③　ネットショップを作るのではは使う

　農家が道の駅で野菜を並べる、クリエイターが自分でつくった小物を雑貨屋においてもらう、あるいは、BASEでネットショップを開設して販売する、こうした流れは今後も途絶えることはないと言えます。

　ただし、マーチャントのビジネスモデルとして収益を上げ、利益を上げることができるかといえば、やはり、日本でいえば、BASEのような大手でないと厳しいだろうというのが筆者の見方です。すでにある程度、EC化が進んでいる状況で、マーチャントが委託販売のビジネスを立ち上げるのは、ハードルが高く、ECプラットフォームをすでに水、電気、ネットのようなインフラとして捉え、うまく活用する、こうした視点が重要と考えます。

6-5 D2C化に向けた提言④ D2Cブランド

マーチャントの今後の方向性は、グローバルに展開するプラットフォーマーならびにD2Cメーカーです。

D2C化への提言④
マーチャントは積極的にD2Cブランドに挑戦すべき

マーチャントを取り巻く環境

今後、大きくビジネスモデルが変わらざるをえないと想定されるのが既存のマーチャントです。ここでのマーチャントは、前節で触れたオフラインでのテナント収入モデルです。たとえば、百貨店であれば、立地のよい場所にテナントを貸し出せば、収益が見込める部分もありましたが、昨今のコロナ禍もあり、立地だけでは厳しい側面もあり、やはり、マーチャントを取り巻く環境が変化しています。

●板挟みになる既存のマーチャント

そのマーチャントの取り巻く環境の変化を図6－10に示しており、メーカーとネットによるプレッシャーの「**板挟み**」と言えます。

●メーカーによるマーチャント化

まず、最初のプレッシャーが、メーカーによるマーチャント機能です。これは何度も触れたように、メーカーが自社でEC・ヘッドレスコマースを立ち上げると、これまでマーチャントが担っていた販売機能がメーカーに移ってしまいます。

もちろん、マーチャントがこれまで培ってきた販売、集客のノウハウ、そして、人材の育成など、メーカーが一朝一夕にマーチャントとして機能することは楽ではないと思われますが、メーカーがマーチャント機能を有することが現実的に可能になってきました。

●GAFAの時価総額

もう一つのプレッシャーが、ネット企業です。一言でネット企業といってもたくさんありますが、その中心は**GAFA**（Google, Amazon, Facebook, Apple）です。この4社の時価総額の合計は、2020年12月末で5.15兆米ドル（1ドル103円換算で530.8兆円）、2020年11月末での東証の時価総額合計が687兆円なので、ほぼこの4社で日本の証券市場の8割近くをカバーできる割合です。

図6－10 板挟みになる既存のマーチャント

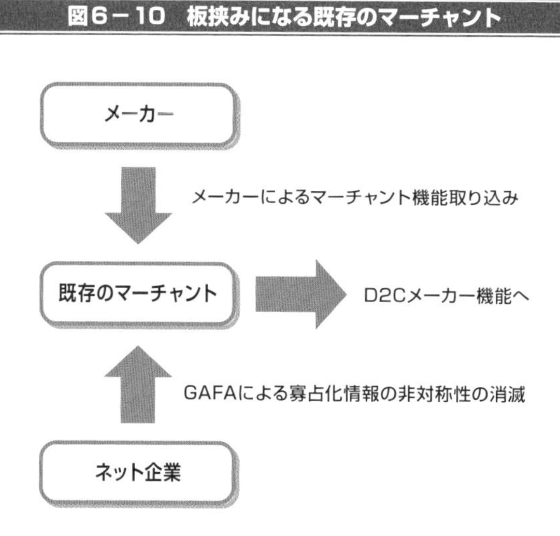

●GAFAの最大の強みはデータ

なぜ、この4社がここまでの時価総額にまで発展したかといえば、まず、**世界中のコンシューマーのデータを保持しているから**、です。グーグルでは検索、アマゾンでは購買データ、フェイスブックではシェア、アップルではiPhoneといったスマホのデータといったデータを保持しています。

●一番顧客を知っているのがGAFAに

そして、そのデータを活用して、たとえば、アマゾンやグーグルが大々的にアパレルに参入するというのは十分考えらえる選択肢です。もちろん、米国では、こうしたGAFAによるデータ寡占が度を越しているとして、規制・分割の議論もあり、今後は不透明な要素もありますが、いずれにしても、マーチャントの強みであった**「顧客を知っていること」**がGAFAに移りつつあります。

●情報の非対称性

もう一つの論点が情報の非対称性です。2−3「D2Cで変わるマーチャントのビジネスモデル」で触れたように、これまでマーチャントは海外でのトレンドをいち早く仕入れて、それを日本で販売するという、マーチャントとコンシューマーとの間の情報の格差を利用したビジネスを展開してきました。しかしながら、いまではスマホで検索すればあらゆる情報が手に入るといっても過言ではありません。すなわち、マーチャントとコンシューマーの情報格差がなくなり、マーチャントが差別化しづらくなってきているとも言えます。

提言④　マーチャントは積極的にD2Cビジネスに挑戦すべき

こうした2つのプレッシャーで板挟みになるマーチャントの提言が、マーチャントは積極的にD2Cビジネスに挑戦すべき、です。やはり、マーチャントは、顧客と向き合っている分、そのニーズの把握は、一日の長があります。これを活かして、自社ブランドを積極的に立ち上げる、これがマーチャントの姿と考えます。

●マーチャントによるD2Cビジネスのメリット

このD2Cビジネスは、いわゆる、自社ブランドであり、その強みは、顧客に商品を販売するマーチャントの役割を通じて、顧客のニーズを把握し、顧客にニーズにあわせた商品を提供できる点にあります。

このD2Cメーカーについて、本書では図6−11に示すようにBUYMA、ロコンドについて触れました。メリットは、言うまでもなく、メーカーから仕入れた商品を販売するのではなく、**自社で企画・製造することで、新しい収益機会**となります。

図6－11 BUYMAとロコンドのD2C機能

マーチャント	ブランド	商品	コンセプト
BUYMA	ADDED	女性向けアパレル	女性会員の声を反映したベーシックな製品
ロコンド	ReZARD	男女向けアパレル	ユーチューバー ヒカルとのコラボ製品

●マーチャントによるD2Cビジネスのデメリット

一方で、デメリットは、他のメーカーとの「**共食い**」です。いうまでもなく、あるメーカーと似たような製品をマーチャントが自社ブランドとして販売しては、そのメーカーと「共食い」になってしまいます。くわえて、メーカーにとっては、似たような自社ブランドを販売しているマーチャントと取引をする動機が薄れます。

したがって、メーカーにとって売り上げを最大化し、「共食い」にならないように、マーチャントが自社ブランドを展開する、D2Cブランドには、こうした舵取りが必要になります。

●マーチャントによるD2Cビジネスの今後

D2Cにおいて、大きく変わるのはマーチャントです。メーカーから仕入れて販売する、小さな部品メーカーなどはこうした商習慣は大きく変わらない可能性はありますが、アパレルなど非効率な商流の場合、直接、顧客に届けることは大きなメリットです。

したがって、今後、メーカーはどんどん自社で企画して、製造して、販売することが増えると考えられます。顧客の声をフィードバックし、顧客のニーズにあわせた商品を企画、製造、販売する、ここにマーチャントの次のステージがあると言えます。

6-6 D2C化に向けた提言⑤ データ活用

コンシューマーのニーズを把握するためには、データの収集、活用することが欠かせません。そして、そのデータを蓄積する、これが製造「情報」小売業への近道と言えます。

D2C化への提言⑤
AIによるデータ活用が製造「情報」小売業の近道に

なぜ、データ活用が重要か？

1−6「D2Cを理解するキーワード⑥データ活用」で触れたように、コンシューマーのニーズを知る上で、**データ活用**は欠かせません。なぜ、データ活用が重要か？やはり、それはデータ活用を通じて**コンシューマーのニーズを把握すること**、ができることです。

●コンシューマーのニーズとは？

一言でコンシューマーのニーズといっても、いろいろあります。たとえば、図6−12に示すように、秋から冬への季節の変わり目、そろそろ冬に向けたジャケットが欲しい、これもコンシューマーのニーズの一つでしょう。もちろん、季節だけではなく、トレンドカラーなど様々なコンシューマーのニーズがあります。

●情報「製造」小売業へ

こうしたコンシューマーのニーズは、「**情報**」です。たとえば、前述のように、冬へのジャケットが欲しいという「情報」に対して、冬用のジャケットを多めに製造して、販売する、情報を基軸として、企画･製造･販売まで手掛ける**製造「情報」小売業**がD2Cにおける目指す姿とも言えます。

図6－12　情報「製造」小売業のモデル

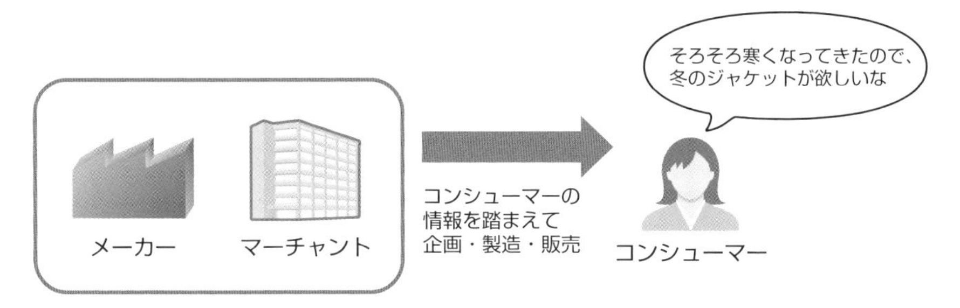

●情報を製造小売業に活用する会社

6－5「D2C化に向けた提言④D2Cブランド」で指摘したように、GAFAは、こうした「情報」という観点では、ほかの企業を大きく凌駕していますが、小売業からもこうした「情報」を基軸にしたD2Cビジネスが今後増えそうです。本書では、図6－13に示すように、ファーストリテイリングとヤットセンホールディングスを取り上げました。

図6－13　ファーストリテイリングとヤットセンホールディングス

会社名	ブランド名	商品	特徴
ファーストリテイリング	ユニクロ GU	アパレル	素材の調達から販売までグローバルに展開
ヤットセンホールディングス	Perfect Diary Abby's Choice Little Ondine	化粧品	「映える」メイクで中国からアジア展開

情報をどう取得するか？

では、どうやって、コンシューマーのニーズである「情報」を収集するのでしょうか？図6－14のように、季節の変わり目でコンシューマーのニーズとして冬のジャケットが欲しいとします。とはいうものの、季節の変わり目と冬のジャケットは、曖昧なままなので、これではデータ分析に利用することはできません。

●コンシューマーのニーズをデータに置き換える

季節の変わり目であれば、たとえば、気温の変化で1週間の気温が25度として、そこから1週間経過して10度、その差は▲10度と数字に置き換えます。同様にジャケットが欲しいというのも曖昧なので、ジャケットの売上が1週間前と1週間経過して+10%伸びたと置き換えます。

図6－14 データ収集とデータ分析

教師データ

入力	出力
気温の差→−10度	ジャケットの売上 →+10%

データ収集

ヘッドレスコマース
・ECサイト
・店舗
・SNS経由 など

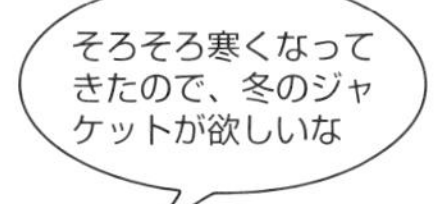

コンシューマー

そして、気温の差という**入力**とジャケットの売上という**出力**、このペアを3−5「自動化テクノロジー②物流の自動化」で触れた教師データとします。この教師データを蓄積し、入力と出力の精度を上げるこれが**AI・機械学習の活用**と言えます。

●データ活用の本質

もちろん、気温の差とジャケットの売上の間に相関があるとは限りません、ただし、こうした教師データが蓄積されればされるほど、その精度は上がります。そして、**蓄積された教師データからたくさんの入力と出力を組み合わせて、トライ・アンド・エラーを繰り返しながら、規則を見つける**、ここにデータ活用の本質があります。

●まずはトライから 千里の道も一歩より

データ活用は、専用のAIプラットフォームなど投資がかかるのではないかと思われるかもしれません。とはいうものの、**入力と出力から規則を見つけること**は、エクセルでも可能です。実際に、小売大手のワークマンは店舗での分析を社員がエクセルを利用することで、売上が飛躍的に伸びたと指摘しています*。

*…**指摘しています** 「ワークマンは 商品を変えずに売り方を変えただけで なぜ2倍売れたのか」(酒井大輔(著)、日経BP、2020年6月)

第6章まとめ

第6章では、D2Cに向けた5つの提言として、D2C化に向けたメーカー･マーチャントがどうあるべきか5つのポイントについて提言としてまとめました。

●6－1　D2C化に向けたメーカー・マーチャントへの5つの提言

コンシューマーはZ世代が今後消費の中心になるなど変わりつづけています。そうした変わるコンシューマーにむけて、メーカー・マーチャントがD2Cに向けて必要な5つをあげます。

●6－2　D2C化に向けた提言①ヘッドレスコマース

ヘッドレスコマースは、共通のEC基盤で、スマホ、店舗など異なるフロントからアクセスできる仕組みです。これによって、データを統合して、より多角的にコンシューマーと向き合うことができます。

●6－3　D2C化に向けた提言②サブスクリプションモデル

サブスクリプションモデルは、定期的に商品を配送するモデルです。継続率が高いものの、最初のハードルが高いので、マーケティングオートメーションを活用してリードを増やすことが有効です。

●6－4　D2C化に向けた提言③ECプラットフォーム

ECプラットフォームを提供するのはマーチャントの役割です。とはいうものの、ECプラットフォームでの売上を増やすには、流通取引金額の増加が必要であり、グローバルでの競争になっています。したがって、ECプラットフォームを開発して作るより、それをどう使うかがポイントと言えます。

●6−5　D2C化に向けた提言④D2Cブランド

メーカーがマーチャントをもち、GAFAを中心としたネット企業が顧客データをもつ、こうした板挟みになるマーチャントは今後厳しくなりそうです。これをブレークするには、顧客のニーズをつかむD2Cブランドへのチャレンジが有効と言えます。

●6−6　D2C化に向けた提言⑤データ活用

製造「情報」小売業は、顧客ニーズというデータを活用するモデルです。そして、データを活用するには、入力と出力の教師データを収集し、その相関を見つけることから始まります。

マーケットインとプロダクトアウト

D2Cは、ダイレクト・トゥ・コンシューマー、その名の通り、コンシューマーとダイレクトに向かい、コンシューマーのニーズにあった商品を提供する流れです。どちらかいえば、コンシューマー側の発想であり、マーケットインとも呼ばれます。

一方で、逆の発想もあります。おもにメーカーからコンシューマーのニーズを気にかけず「こんなのつくりました」ということで、商品を世に問う、これはプロダクトアウトと呼ばれる手法です。

プロダクトアウトの代表例は、ゲーム業界でしょう。任天堂の最新のゲーム機Nintendo Switch（ニンテンドースイッチ）は、2017年3月に発売されました。当時は、スマホのゲームが全盛期の時代で、「みんなスマホを使っているのに、今さら専用ゲーム機を出しても売れるわけない」、当時はこんな揶揄があったことを筆者は記憶しています。

それから4年近く、この揶揄は全くの見当違いで、現在では、ニンテンドースイッチは、スマホゲームに劣らないどころか、スマホゲームをしのぐ勢いとなっています。やはり、「スマホゲームが流行っているから、それにあわせてスマホゲームを作ろう」というマーケットインの発想ではなく、「自分たちがこのゲーム機を作ろう」というプロダクトアウトの発想の勝利と言えるでしょう。

マーケットインとプロダクトアウト、どちらかが優れているという話ではありません。綿密にマーケット調査をして、コンシューマーのニーズをくみ取って商品を企画・開発・販売したものの、まったく売れない。あるいは、「この世界を実現したい」という強烈な思いで開発した商品がまったくコンシューマーに響かない、いずれも起こり得る話です。

むしろ、筆者が思うに、マーケットインとプロダクトアウト、一貫性が重要なのではないでしょうか。任天堂のようなプロダクトアウトの会社が、マーケットインに変更してもおそらく上手くいかないでしょう。

あるいは、2-7「D2Cのビジネスモデル　Z世代　コンシューマー世代の変化」で触れた資生堂のような化粧品・トイレタリー業界は、綿密にマーケット調査をして商品を送り出すマーケットインな業界であり、そこにプロダクトアウトのアプローチをしても上手くいかないでしょう。

やはり、マーケットインにはマーケットインの良さがあり、プロダクトアウトにはプロダクトアウトの良さがある、こうした良さを一貫して追求する、これが企業にとって大事と言えるのではないでしょうか。

索引

INDEX

英字

あ行

か行

さ行

た行

な行

は行

索引

ま行

や行

ら行

わ行

おわりに

本書では、D2Cの概要、ビジネスモデル、その技術、そして、海外・日本の事例について取り上げました。何度も繰り返しますが、D2C自体は決して新しいビジネスモデルではありません。メーカーがマーチャントの機能を持つのは、いわゆる、SPAとして従来から実施されていました。そして、マーチャントがメーカー機能をもつのは、プライベートブランドとして、これも新しい話ではありません。

とはいうものの、やはり、これまで通用してきたものが通用しなくなったという時代の変化はあります。たとえば、アパレルであれば、川上から川下の間に中間業者がいくつも入ることで、大量にOEM生産はできましたが、むしろ、現在は大量生産よりも多品種少量生産であり、現在のニーズにあわないものになっています。

あるいは、Z世代と呼ばれる今の20歳前後の世代は、最初からスマホでコミュニケーションをスタートした世代です。そうした世代では、SNSが当たり前で、テレビよりもネットフリックス、アマゾンプライムなどの動画に親和性のある世代です。そうした世代にテレビCMで訴求しても、訴求効果は限定的と言えます。

では、どうあって変化に対応するか。たとえば、「ウチはテレビCMで若者のニーズを取り込むことができる」というのでは変化に対応できないと言えます。やはり、どこまでいっても、エンドユーザーである顧客のニーズを把握することに尽きると言えます。

そして、顧客のニーズを把握するためのよい道具も増えてきています。とくに、データです。商品の売れ筋データ、フェイスブック、ツイッター、インスタグラムといったSNSから自社ECへの流入データ、購買データなど、おおくのデータをもとに、顧客のニーズの把握が可能になり、かつての市場調査、テレビCMといった大規模な予算を投入しなくても、少ない力で顧客のニーズを把握できるようになりました。やはり、こうしたデジタル化にともなう変化こそがD2Cの新しさと言えるでしょう。

　もちろん、アパレルの生産方式もいまのような少量多品種が今後続くとも限らないですし、あるいは、Z世代も数十年したら、また新しい世代交代が待っています。やはり、常に時代は変化していますが、真摯に謙虚に顧客のニーズを把握すること、これは今後変わらないと考えます。本書を通じて、こうした顧客のニーズの把握について読者の皆様の理解が深まれば、筆者として望外の幸せです。

2021年1月　長橋　賢吾

●参考文献

1. 「D2C「世界観」と「テクノロジー」で勝つブランド戦略」（佐々木康裕（著）、NewsPicksパブリッシング、2020年1月）
2. 「誰がアパレルを殺すのか」（杉原淳一（著）、染原睦美（著）、日経BP、2017年5月）
3. 「Z世代　若者はなぜインスタ・TikTokにハマるのか？」（原田曜平（著）、光文社新書、2020年11月）
4. 「アリババ　世界最強のスマートビジネス」（ミン・ゾン（著）、土方奈美（訳）、文藝春秋、2019年10月）
5. 「2025年、人は「買い物」をしなくなる」（望月　智之（著）、クロスメディア・パブリッシング、2019年11月）
6. 「TikTok　最強のSNSは中国から生まれる」（黄未来（著）、ダイヤモンド社、2019年10月）
7. 「図解入門 よくわかる最新機械学習の基本と仕組み」（長橋賢吾（著）、秀和システム、2019年9月）

著者

長橋　賢吾

慶應義塾大学環境情報学部卒業。同大学院政策・メディア研究科修了、2005年東京大学大学院情報理工学研究科修了。博士（情報理工学）。英国ケンブリッジ大学コンピュータ研究所訪問研究員を経て、2006年日興シティグループ証券（現、シティグループ証券）にてITサービス・ソフトウェア担当の証券アナリストとして従事したのち2009年3月、フューチャーブリッジパートナーズ（株）設立。経営の視点から、企業戦略の策定、経営管理、IR支援、M&A,資金調達を実施する。野原ホールディングス（株）取締役グループCFO、ジオコード（株）社外取締役、ネットスターズ（株）社外取締役。

共著に「使って学ぶIPv6」（アスキー 02年4月初版）、著書に「これならわかるネットワーク」（講談社ブルーバックス、08年5月）、「ネット企業の新技術と戦略がよーくわかる本」（秀和システム、11年9月）、「ビックデータ戦略」（秀和システム　12年3月）、「図解スマートフォンビジネスモデル」（秀和システム、12年9月）。「システム開発は絶滅危惧業種になってしまうのか?—アジャイル的50の生き残り術」（秀和システム、14年6月）など多数。

連絡先：kengo.nagahashi@gmail.com

図解入門ビジネス

最新 D2Cの基本と仕組みがよ〜くわかる本

発行日 2021年 3月10日 第1版第1刷

著 者 長橋 賢吾

発行者 斉藤 和邦
発行所 株式会社 秀和システム
〒135-0016
東京都江東区東陽2-4-2 新宮ビル2F
Tel 03-6264-3105（販売） Fax 03-6264-3094
印刷所 三松堂印刷株式会社

ISBN978-4-7980-6344-7 C2034